015

京の庭NAVI

池泉庭園編

文　若村亮

写真　福尾行洋

日本庭園が歩んできた歴史

千年の歴史を誇る京都には各時代を代表する庭園がのこされており、日本の庭園史を彩る名庭の宝庫です。また、時代によって庭園の作風は異なり、各時代の政治や思想、宗教や信仰がさまざまに反映されています。

奈良時代、宮中や貴族の庭園には大自然の風景を模した庭園があらわれ、平安前期になると嵯峨離宮（現在の大覚寺）の大沢池にみられるような広大な池を中心とした寝殿造庭園が誕生し、天皇や貴族は池に舟を浮かべて華やかな遊宴を催しました。しかし、平安後期になると末法思想に基づいて極楽浄土をこの世にあらわした浄土庭園がもてはやされ、宇治の平等院などがその姿を今に伝えています。

鎌倉時代に入ると栄西禅師によって中国より禅宗が伝えられ、その高い精神性が庭園史にも大きな影響を与えることになりました。水を用いずに白砂や石組などで構成された、高い精神性と抽象性を持つ枯山水庭園が禅寺を中心に数多く作庭さるようになり、室町時代にかけて庭園史のひとつの頂点をきわめました。

その後の安土桃山から江戸時代にかけては、武家の居館に豪華な書院造庭園が作られ、また茶室の庭として露地庭園が好まれるようになりました。

さて、庭園を大きく分類すると、水をたたえる池を持つ池泉庭園、水を用いずに白砂や石組などで構成された枯山水庭園、茶室に面した露地庭園の三つとなります。次の項では、三つの庭園の中で最も長い歴史を持つ池泉庭園の今昔に迫ります。

時代の流れを反映する池泉庭園

庭園史は池を中心とした池泉庭園からはじまり、長い歴史の中でさまざまな規模や種類の池泉庭園があらわれました。奈良時代の大自然を模した広大な池をもつ庭園にはじまり、平安前期には池に舟を浮かべて舟遊する「池泉舟遊（しゅうゆう）式庭園」があらわれ、天皇や貴族が舟に乗って花見や観月の宴を楽しんだと伝えられています。平安後期になると、釈迦の教えのみが残って悟りが開けないとする末法（まっぽう）思想が貴族の間でささやかれ、極楽浄土への憧れを強くした貴族によって現世に極楽浄土をあらわした浄土庭園が数多く作られました。

鎌倉時代も平安以来の流れを受け継ぐ池泉庭園が主流であり、舟遊式庭園とともに、池の周りを歩きながら回遊する「池泉回遊（かいゆう）式庭園」があらわれました。以前のような貴族好みの優美な庭園から、神仙思想や仏教思想を取り入れて表現した石組や島が配されるようになり、精神的な空間として作庭されるようになりました。

室町時代は禅寺を中心に枯山水庭園が数多く作庭されましたが、安土桃山から江戸時代になると池泉庭園が復活し、勇壮な巨石を用いた石組などを配した豪華な庭園が大名や武士にもてはやされるようになりました。

明治時代は自然風景的な作風が主流であり、自然を借景とする借景庭園が数多く作られました。京都では、南禅寺界隈の別荘庭園や平安神宮神苑の作庭を手掛けた小川治兵衛（屋号・植治）が活躍しました。

池泉庭園用語

舟遊式庭園（しゅうゆうしき）

平安時代、宮中や貴族の大きな邸宅にともなう庭園として作られ、広大な池に舟を浮かべて花見や観月の宴を催した。京都では、嵯峨天皇が営んだ嵯峨離宮（現在の大覚寺）に作庭された大沢池などが知られている。

回遊式庭園（かいゆうしき）

池の周囲を歩きながら回遊して鑑賞する方式の庭園。鎌倉時代以降に舟遊式庭園とともに池泉庭園の主流となり、江戸時代の大名や武将の庭園として盛んに作庭された。舟遊式や鑑賞式を兼ねる場合も多くみられる。

鑑賞式庭園（かんしょうしき）

書院などの建物から鑑賞することを第一に、池・島・石組などを配して作庭された庭園。武家社会の成熟にともない、主客が対面する建物から眺める庭園として重んじられ、主の威厳や風格をあらわす庭園にもなった。

浄土式庭園（じょうどしき）

平安後期、末法思想の広がりとともに極楽浄土への憧れを強くした貴族たちが、この世に極楽浄土をあらわすために作庭した庭園。宇治の平等院は浄土式庭園の代表例として知られ、池中に優美な鳳凰堂を配している。

借景（しゃっけい）

庭園の外にある山や竹林などの美しい自然風景を庭園内の風景として背景に取り込み、目前の庭園と背景を一体化させて壮大なスケールの景観を生み出す作庭技法。比叡山を借景とする正伝寺や円通寺が知られている。

鶴島・亀島（つるじま・かめじま）

鶴は千年、亀は万年といわれ、長寿を願って作られる鶴島と亀島は、その多くは蓬莱島とともに庭園に表現されている。鶴島は翼をあらわす羽石に特徴がみられ、亀島は石組によって頭や足などが表現されている。

手水鉢（ちょうずばち）

本来は神前や仏前で口をすすいで身を清めるための水を入れる器であり、灯籠と同じく、茶の湯の発展とともに庭園内に持ち込まれるようになった。見立物手水鉢、自然石手水鉢、創作形手水鉢などがある。

灯籠（とうろう）

仏教伝来とともに日本に伝えられたとされている。本来は社寺の参道や街道を照らす役割として設置されていたが、茶の湯や庭園文化の発展とともに、灯籠の鑑賞を目的として庭園内に設置されるようになった。

知っておくと 庭園観賞が さらに楽しくなる！

庭園史を彩る作庭家たち（本誌に登場する主な作庭家）

夢窓疎石（むそうそせき）

一二七五年〜一三五一年

鎌倉末期から室町初期の臨済宗の僧。後醍醐天皇や足利尊氏から厚い帰依をうけ、嵐山に天龍寺を創建。作庭にも優れた才能を発揮し、西芳寺や天龍寺などの名庭を残した。

小堀遠州（こぼりえんしゅう）

一五七九年〜一六四七年

江戸前期の武将。茶人としても知られ、遠州流茶道の開祖。江戸城や二条城をはじめ、京都御所や諸寺院など数多くの建築や作庭にたずさわり、優れた茶室や庭園を残した。

石川丈山（いしかわじょうざん）

一五八三年〜一六七二年

江戸初期の武将・漢詩人・書家。元は武士として徳川家に仕えたが、大坂夏の陣を境に武士を辞めて文化人としての道を歩み、京都洛北の一乗寺に詩仙堂を建立して隠棲した。

小川治兵衛（おがわじへい）

一八六〇年〜一九三三年

明治から昭和にかけて活躍した作庭家。京都の庭師・植治（うえじ）の養子となり、伝統的な作庭手法の中に植治流といわれる独自の手法を確立し、近代庭園の流れを作った。

京の庭NAVI 池泉庭園編

京の庭NAVI 池泉庭園編

桜が舞う雅の庭園

平安神宮 神苑【へいあんじんぐう しんえん】

祭神　桓武天皇、孝明天皇　岡崎

【歴史】平安遷都一一〇〇年を記念して、明治二八（一八九五）年、京都に平安京を遷都した第五〇代桓武天皇を祭神として創建されました。その後、皇紀二六〇〇年にあたる昭和一五（一九四〇）年、京都で政治をおこなった最後の天皇となる第一二一代孝明天皇を合わせ祀り、京都総鎮守の神社として市民から厚く信仰されています。

【庭園】平安京の朝堂院（朝廷の正殿）を模して造営された社殿を取り囲むように、南・西・中・東神苑の四つの庭園が配されています。西・中・東神苑は明治から大正期にかけて七代目小川治兵衛によって作庭され、南神苑は昭和五六（一九八一）年に完成しています。春になると紅枝垂桜が一面に咲き誇り、初夏にはカキツバタやハナショウブが艶やかな花をつけ、秋になると紅葉が水面を真っ赤に染めるなど、神苑は四季折々に美しく神々しい姿をあらわします。

1

②

鶴島と亀島を配した東神苑。西岸には貴賓館の尚美館（しょうびかん）が、南には池を渡る泰平閣（たいへいかく）があり、いずれも大正時代に京都御所より移築された建物です。

毎年4月初旬に催される「紅しだれコンサート」。桜がライトアップされ、心に響く癒しの音楽が奏でられます（開催時期や詳細は要確認）。

③

南神苑は、春になると八重紅枝垂桜が天を覆うように咲き誇ります。

神苑を彩る八重紅枝垂桜の美しさに魅せられ、文豪の谷崎潤一郎は『細雪』のなかで"忽ち夕空にひろがっている紅の雲"を"一年待ち続けた"と著しています。

臥龍橋（がりゅうきょう）は、豊臣秀吉が造営した三条大橋と五条大橋の橋脚が用いられ、"龍の背にのって池に映る空を舞うような感覚"を演出しています。

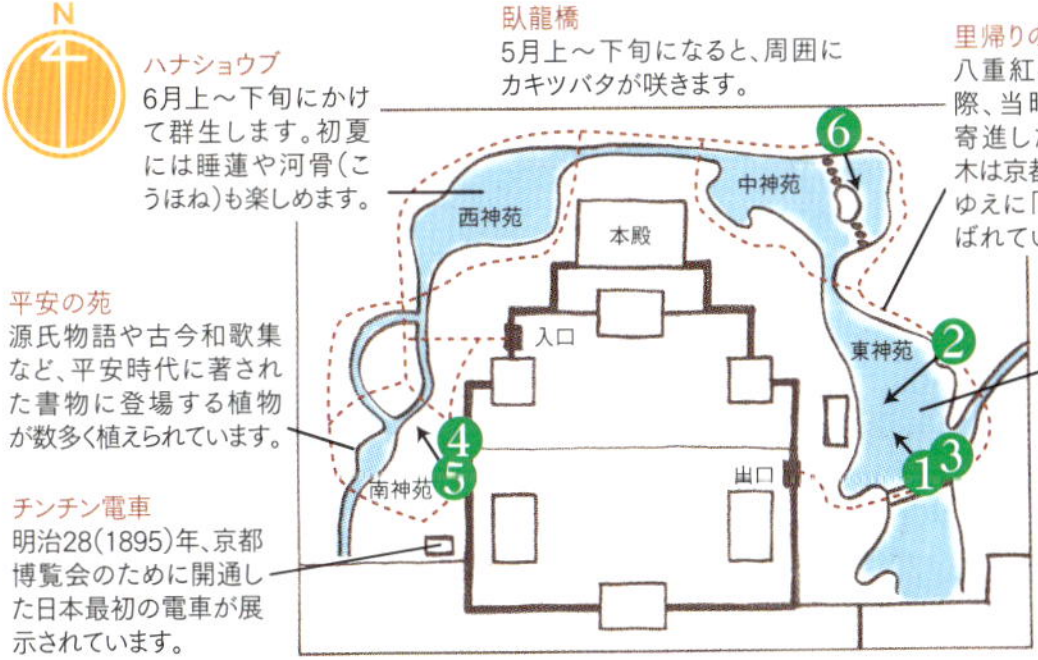

ハナショウブ
6月上～下旬にかけて群生します。初夏には睡蓮や河骨（こうほね）も楽しめます。

臥龍橋
5月上～下旬になると、周囲にカキツバタが咲きます。

里帰りの桜
八重紅枝垂桜は創建の際、当時の仙台市長が寄進したもので、その親木は京都御所の桜であり、ゆえに「里帰りの桜」と呼ばれています。

平安の苑
源氏物語や古今和歌集など、平安時代に著された書物に登場する植物が数多く植えられています。

ミニ琵琶湖
琵琶湖疏水から水を引き込む神苑は、琵琶湖の生態系がそのまま残ることから「ミニ琵琶湖」として注目を集めています。

チンチン電車
明治28(1895)年、京都博覧会のために開通した日本最初の電車が展示されています。

● 075-761-0221
● 8:30～17:30（3/1～14と9/1～10/31は～17:00、11/1～2/28は～16:30）
● 京都市左京区岡崎西天王町97
● 拝観料：600円
● map.p86

天皇も眺めた名庭

青蓮院【しょうれんいん】

粟田

天台宗

【歴史】平安初期、比叡山にあった青蓮坊がはじまりと伝えられ、平安末期になって天台座主の行玄（ぎょうげん）が三条白川に殿舎を造営し、鳥羽法皇の皇子が入寺して青蓮院となりました。応仁の乱で一時荒廃しましたが、豊臣秀吉や徳川家康の援助によって再興し、江戸時代の天明の大火で御所が焼失した際には仮御所にもなりました。

【庭園】小御所に近い龍心池（りゅうじんいけ）を中心とした池泉回遊式の庭園は、室町時代の画家で諸芸に通じた相阿弥（そうあみ）の作庭と伝えられ、粟田山を借景として山すそに石組の滝口を配して洗心滝（せんしんのたき）とし、池には半円形の反りの美しい跨龍橋（こりゅうのはし）が架けられています。龍心池の北側には江戸初期に小堀遠州によって作庭された霧島の庭があり、また宸殿の前には杉苔に覆われた庭園が広がり、左近の桜と右近の橘を配しています。

1

池の奥にはやわらかな曲線を描く築山が配されています。また、池の中央には大きな石が据えられており、龍心池の名の如く、池に宿る猛々しい龍の背のようにも見えます。

龍心池を悠々と泳ぐ鯉。

小御所へ渡る回廊にある手水鉢は豊臣秀吉が寄進したものと伝えられ、その形から一文字手水鉢と呼ばれています。

6月上旬より桔梗の花が咲き始めます。

霧島の庭は小堀遠州の作庭と伝えられ、5月上旬になるとキリシマツツジが一斉に咲き誇り、辺り一面は真っ赤に染まります。

もとは白砂敷きであった宸殿前庭は、今は杉苔の緑に覆われています。

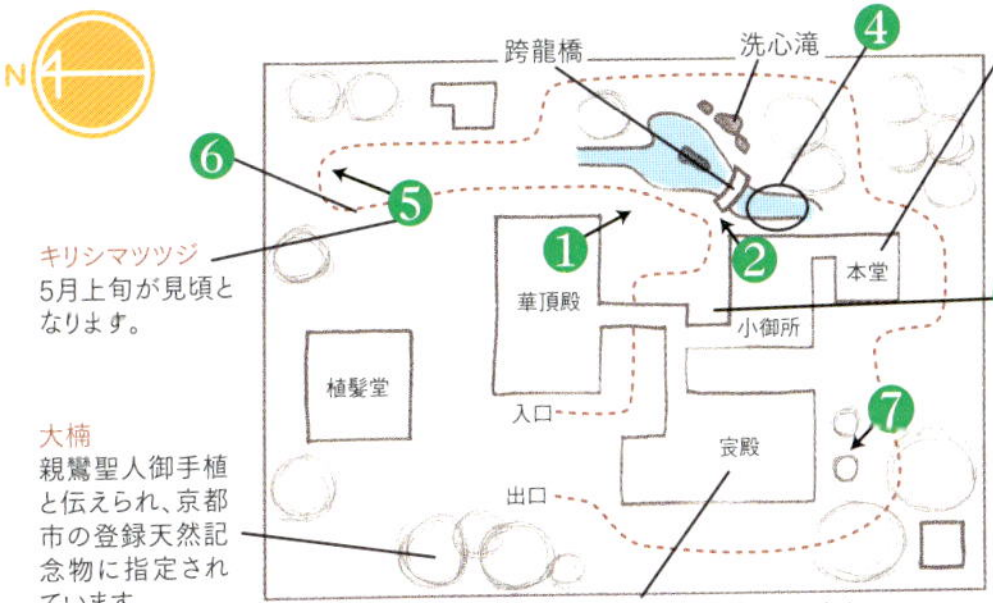

本尊の熾盛光如来(非公開)と青不動(国宝)が祀られています。

キリシマツツジ
5月上旬が見頃となります。

紅梅と手水鉢
一文字手水鉢のそばの紅梅が咲くと、手水鉢の水面に美しい花の彩が映ります。

大楠
親鸞聖人御手植と伝えられ、京都市の登録天然記念物に指定されています。

歴代天皇の御尊碑と歴代門主の位牌を安置しています。

● 075-561-2345
● 京都市東山区粟田口三条坊町69-1
● 9:00〜17:00
● 拝観料：500円　● map.p86

1

ゆるやかに時間が流れる庭

無鄰菴【むりんあん】

南禅寺

【歴史】明治二九（一八九六）年、明治・大正期に政治家として活躍した山県有朋（やまがたありとも）が、京都における別邸として造営しました。「無鄰菴」の名は、出身地の長州（現在の山口県）に建てた山県の草庵が隣家のない清閑な場所であったことから名付けられました。

【庭園】東山を借景とし、琵琶湖疏水から引き入れた水がゆるやかな傾斜地を流れる庭園は、山県有朋が自ら設計と監督をおこない、明治を代表する造園家の小川治兵衛によって作庭されました。敷地内には樹木が多く、ツツジや紅葉など四季折々の情景を楽しむことができます。

庭園の最奥には醍醐寺三宝院の滝を模した三段の滝があり、流れ落ちた水は小川となって池へと注ぎます。

芝生を敷いた池泉回遊式の庭園。明治36（1903）年に日露戦争の開戦を決めた無鄰菴会議が開かれた場所とは思えない、静かな風景です。

6月上旬、ハナショウブが見頃を迎えます。

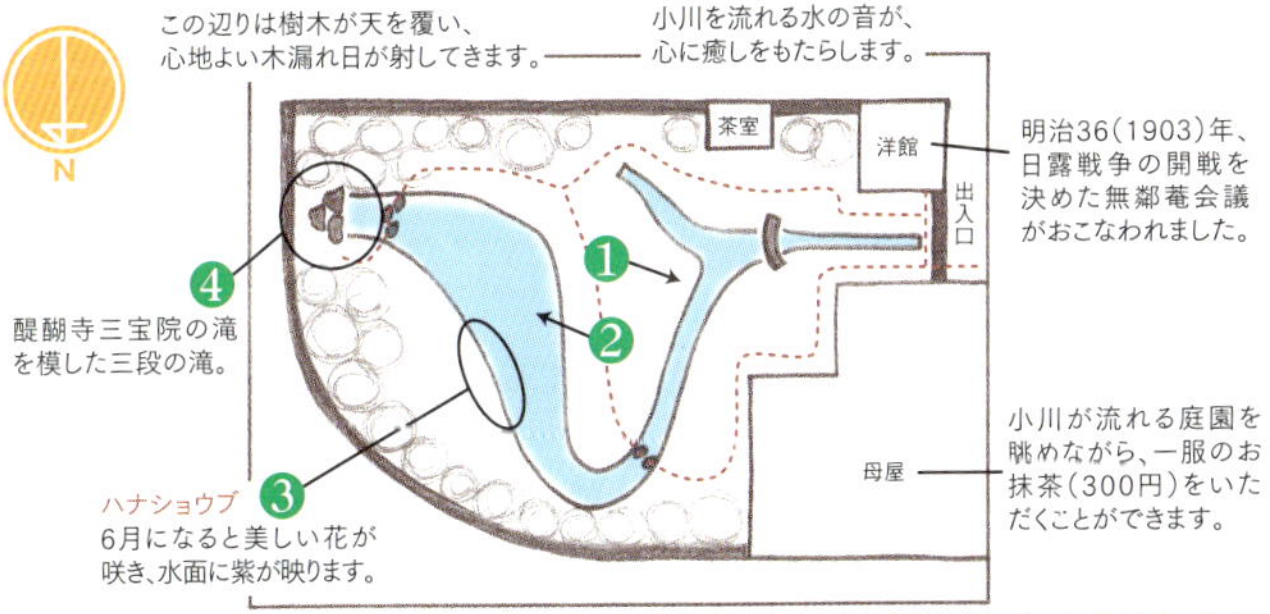
この辺りは樹木が天を覆い、
心地よい木漏れ日が射してきます。
小川を流れる水の音が、
心に癒しをもたらします。
N
茶室
洋館
出入口
1
2
4
醍醐寺三宝院の滝
を模した三段の滝。
明治36(1903)年、
日露戦争の開戦を
決めた無鄰菴会議
がおこなわれました。
母屋
小川が流れる庭園を
眺めながら、一服のお
抹茶（300円）をいた
だくことができます。
ハナショウブ
3
6月になると美しい花が
咲き、水面に紫が映ります。

● 075-771-3909
● 京都市左京区南禅寺草川町31
● 9:00～17:00
（入園は16:30まで　12/29～1/3休館）
● 入園料：350円　● map.p86

徳川将軍家の威光

二条城
【にじょうじょう】

二条城

【歴史】慶長八（一六〇三）年、江戸幕府を開いた徳川家康が京都御所の守護と将軍上洛時の宿所として造営し、寛永三（一六二六）年、三代将軍徳川家光が現在の規模に増築をおこない完成しました。慶応三（一八六七）年には一五代将軍徳川慶喜が大政奉還を発表するなど、江戸の幕開けから幕引きまでの全てを見守ってきた歴史的な城です。

【庭園】二条城には江戸時代に作庭された二の丸庭園、明治時代の本丸庭園、昭和の清流園と、趣きの異なる三つの庭園があります。とくに二の丸庭園は国の特別名勝に指定され、二条城の築城とともに小堀遠州によって作庭され、寛永三（一六二六）年におこなわれた後水尾天皇の行幸（みゆき・天皇の外出訪問）にあわせて一部が改修されたと伝えられています。大小さまざまな石組を力強く配し、流れ落ちる滝を設けるなど、徳川の豪壮な時代を反映した見事な庭園です。

1

2

かつて池の周りには複数の建物があり、どの建物から鑑賞しても庭園が正面となるように作庭されました。兵法の八種の陣立てにちなみ別名「八陣（はちじん）の庭」と呼ばれています。

3

池の南の芝生には、かつて後水尾天皇の行幸にあわせて建てられた行幸御殿がありました。

4

滝からは豪快に水が流れ落ち、池には大きな鯉が悠然と泳いでいます。

6月上旬、サツキが満開を迎えます。

明治26（1893）年、京都御苑内にあった桂宮家の御殿を移築して本丸御殿とし、その南側に本丸庭園が作庭されました。

清流園は昭和40（1965）年、江戸初期の豪商・角倉了以（すみのくらりょうい）の屋敷から庭石を譲り受け、新たに茶室を加えて作庭されました。

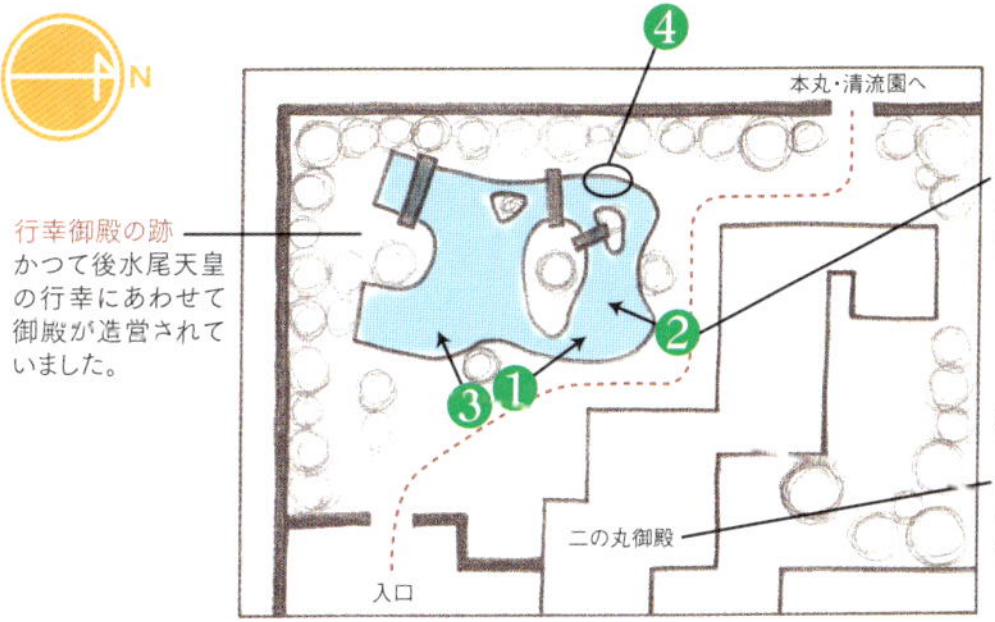

行幸御殿の跡
かつて後水尾天皇の行幸にあわせて御殿が造営されていました。

鶴島と亀島の岸には大岩が据えられ、力強さを感じます。

慶応3（1867）年10月、15代将軍徳川慶喜が大広間の諸大名に大政奉還を告げ、江戸時代の終焉となりました。

● 075-841-0096
● 京都市中京区二条通堀川西入二条城町541
● 8:45～16:00受付終了（休城は年末年始、7・8・12・1月の毎週火曜日（休日の場合は翌日））
● 入城料：600円　● map.p86

天皇の禁苑から祈雨の霊場へ

①神泉苑【しんせんえん】

二条城

東寺真言宗

【歴史】延暦一三（七九四）年、大内裏の南に禁苑（きんえん・宮中の庭園）として造営され、天皇や貴族が船を浮かべて観桜や詩歌管弦を楽しんだと伝えられています。天長元（八二四）年には弘法大師空海が雨乞いの祈祷をおこない、以来、祈雨の霊場として信仰を集めてきました。

【庭園】造営当初は東西が約二〇〇メートル、南北が約四〇〇メートルにも及ぶ広大な敷地で、楼閣や釣殿などが建つ雅な苑池として歴代天皇による遊宴がおこなわれていました。その後、江戸時代になって二条城が造営された際、苑池は大幅に縮小されて現在の規模になりました。

みどころ

空海 VS 守敏の法力争い

弘仁14（823）年、嵯峨天皇より空海に東寺が与えられ、空海にライバル心を燃やす守敏（しゅびん）に西寺が与えられました。天長元（824）年、都は大干ばつに見舞われ、神泉苑において祈雨の修法がおこなわれました。空海と守敏は雨を降らせるために互いの法力を競い、空海が見事に雨を降らせて勝利し、負けた守敏は名声を落としたと伝えられています。

2

3

歳徳神（さいとくじん）は、毎年の恵方（えほう・幸運の方角）へ向きを変える日本唯一の神社です。

4

平安末期におこなわれた祈雨の儀式で白拍子の静御前が舞い、その時に源義経と出会ったと伝えられています。

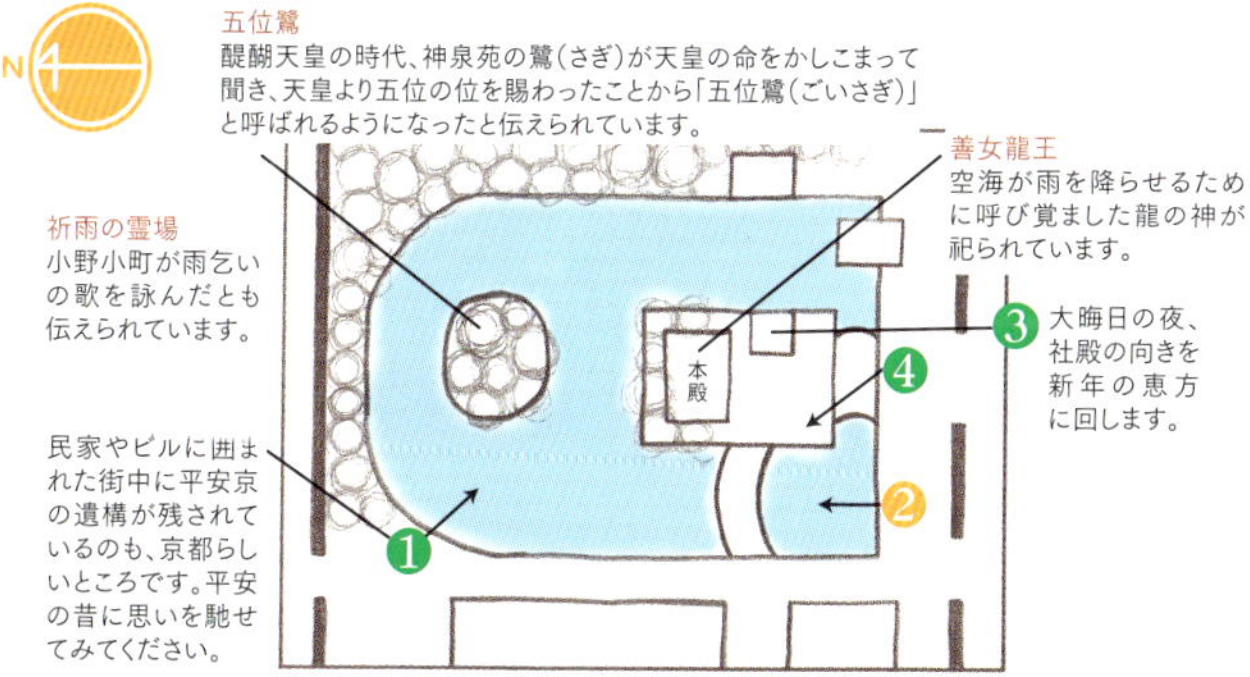
N
五位鷺
醍醐天皇の時代、神泉苑の鷺（さぎ）が天皇の命をかしこまって聞き、天皇より五位の位を賜わったことから「五位鷺（ごいさぎ）」と呼ばれるようになったと伝えられています。
善女龍王
空海が雨を降らせるために呼び覚ました龍の神が祀られています。
祈雨の霊場
小野小町が雨乞いの歌を詠んだとも伝えられています。
本殿
3
大晦日の夜、社殿の向きを新年の恵方に回します。
4
2
1
民家やビルに囲まれた街中に平安京の遺構が残されているのも、京都らしいところです。平安の昔に思いを馳せてみてください。

- 電話番号不掲載
- 京都市中京区御池通神泉苑町東入門前町167
- 9:00〜20:00
- 拝観料：境内無料
- map.p86

利休好みの名勝庭園

智積院【ちしゃくいん】

東山七条

真言宗　智山派総本山

【歴史】元は豊臣秀吉が亡き愛児・鶴松の菩提を弔うために建立した祥雲禅寺がありましたが、慶長五（一六〇〇）年、徳川家康が紀州（現在の和歌山県）の根来寺（ねごろじ）の玄宥（げんゆう）僧正に土地を与え、根来寺の正式寺名にちなんで根来寺智積院としたことに始まります。その後、学僧が仏教を学ぶ教学道場として繁栄しました。

【庭園】元は豊臣秀吉が建立した祥雲禅寺の庭園として築かれ、のちの延宝二（一六七四）年、智積院の第七世運敞（うんしょう）僧正によって修築されています。利休好みの庭と伝えられ、刈込に自然石を配して深山幽谷の趣きをあらわし、仏教の霊山とされる中国の廬山（ろざん）をかたどって作庭されたと伝えられています。五月下旬から六月上旬にかけて庭園にはサツキが咲き誇り、新緑とともに色鮮やかな風景を楽しむことができます。国の名勝に指定されています。

1

2

手前の池が建物の下に入り込み、寝殿造の釣殿に居るような感覚をもたらしてくれます。また、庭の奥には大木がそびえ、庭園の広がりと奥行きをさらに感じさせてくれます。

3

庭園の右奥には石橋があり、その石橋より奥は祥雲禅寺の時に作庭された桃山時代の庭園です。

4

滝が流れ落ちる正面の庭園は植込と石組が交互に配されており、洗練された美しさをみせる江戸時代の庭園です。

みどころ

失意の秀吉と祥雲禅寺

5

天下人として全盛を極めていた豊臣秀吉は、天正17（1589）年5月、側室の淀君との間に男児が生まれ、鶴松と名付けました。鶴松は秀吉の世継ぎと期待されましたが、2年後の天正19（1591）年8月、わずか3歳でこの世を去り、失意の秀吉は鶴松の菩提を弔うために祥雲禅寺を建立して手厚く供養しました。書院庭園の右奥には、祥雲禅寺の時に作庭された庭園が残り、収蔵庫の長谷川等伯一派による「桜楓図」（国宝）とともに、秀吉の時代を今に伝えています。

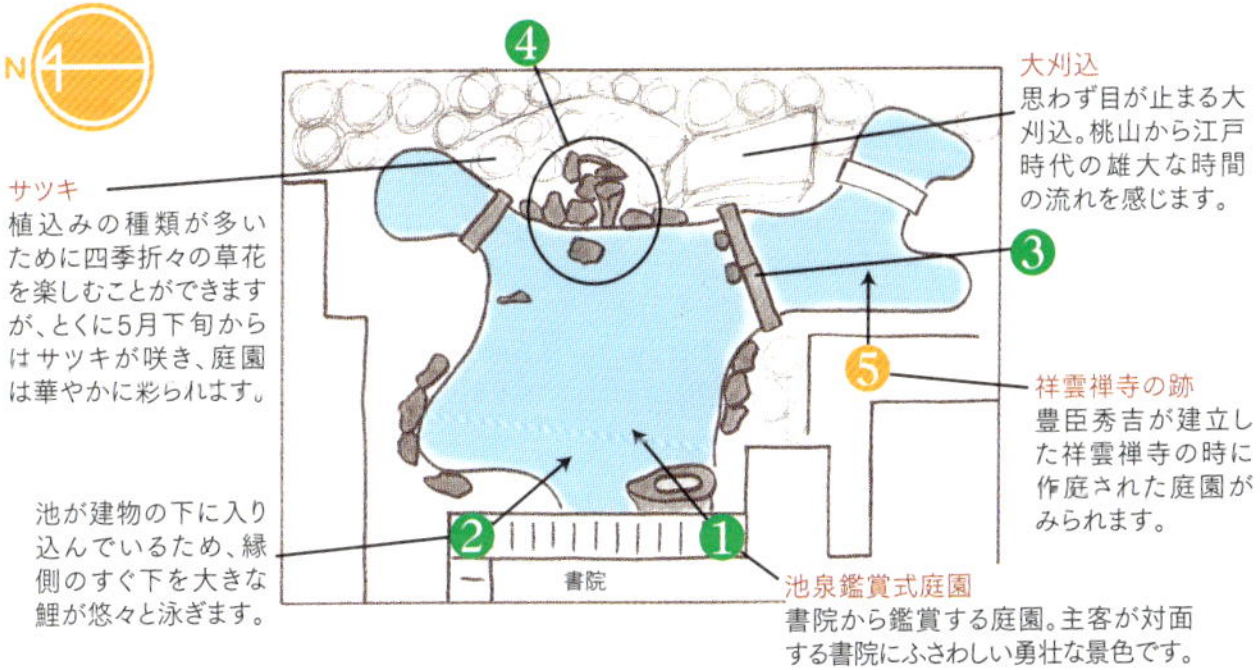
N
4
サツキ
植込みの種類が多いために四季折々の草花を楽しむことができますが、とくに5月下旬からはサツキが咲き、庭園は華やかに彩られます。
池が建物の下に入り込んでいるため、縁側のすぐ下を大きな鯉が悠々と泳ぎます。
2
1
書院
大刈込
思わず目が止まる大刈込。桃山から江戸時代の雄大な時間の流れを感じます。
3
5
祥雲禅寺の跡
豊臣秀吉が建立した祥雲禅寺の時に作庭された庭園がみられます。
池泉鑑賞式庭園
書院から鑑賞する庭園。主客が対面する書院にふさわしい勇壮な景色です。

● 075-541-5361
● 京都市東山区東大路七条下ル東瓦町964
● 9:00～16:30（受付は16:00まで）
● 拝観料：500円 ● map.p86

積翠園【しゃくすいえん】

東山七条

【歴史】平安末期、この地には平清盛の長男で小松殿と呼ばれた平重盛（しげもり）の邸宅があったと伝えられ、その小松邸内に作庭された庭園がのちに妙法院の庭園となり、改修や移譲を経て平成一七（二〇〇五）年から東山武田病院の管理となり、積翠園として現存しています。

【庭園】平安末期に作庭された小松邸の庭園と伝えられ、東西に長い池に大島と小島を配した池泉回遊式庭園です。現存する平安末期作庭の庭園は数少なく、江戸時代に改修されたものの貴重な庭園の遺構です。桜やツツジ、アジサイや紅葉など四季の草花が美しい庭園です。

緑豊かな庭園にはさまざまな鳥が飛来し、病院にやすらぎをもたらしています。

「六波羅ノ東大道ヲ隔テ辰巳角云々」（平家物語）という記述や、辺りに残る小松谷の地名から、ここが小松邸跡と推測されています。

みどころ

夜泊石

仙人が住むとされる蓬莱山をあらわす大島のそばには「夜泊石（よどまりいし）」と呼ばれる五つの石が配されており、これは蓬莱山から不老不死の妙薬など得難い宝物を積んで帰った宝船が港に停泊している様子をあらわしているとされています。このような作庭技法は中世に作庭された庭園にみることができます。

N

四季折々の草花が病院に癒しとやすらぎを与えています。

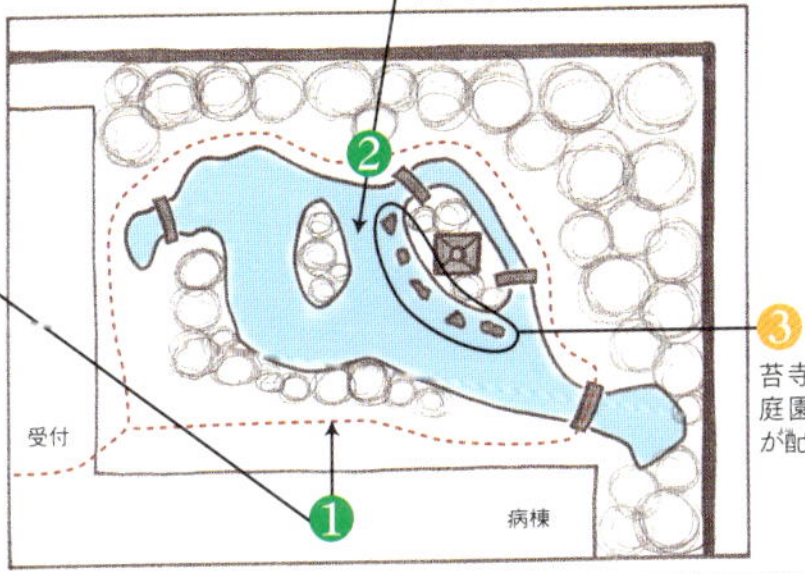

病院の屋上
受付で庭園見学の旨を伝えて病院の屋上まで行けば、庭園全体を眺めることができます。左前方にはかつて平家が繁栄を極めた六波羅の地が広がっています。

③ 夜泊石
苔寺や金閣寺の庭園にも夜泊石が配されています。

- 075-561-6121
- 京都市東山区妙法院前側町447-1
- 9:00～17:00
- 庭園自由（受付で庭園見学の旨を伝えること）
- map.p86

1

石川丈山作の風雅な趣き

渉成園【しょうせいえん】

京都駅

真宗大谷派

【歴史】慶長七（一六〇二）年、徳川家康から土地が寄進されて東本願寺が成立し、寛永一八（一六四一）年、三代将軍徳川家光から東本願寺の東側の土地がさらに寄進され、東本願寺の別邸として渉成園が造営されました。その後に幾度か火災に遭い、幕末以降に順次再興しました。

【庭園】承応二（一六五三）年、当世随一の文化人で詩仙堂を開いた石川丈山によって作庭されたと伝えられています。広大な印月池を中心とする池泉回遊式庭園で、江戸後期の歴史家である頼山陽は『渉成園記』の中で園内の十三景を紹介し、その風雅な趣きを讃えています。

茶室の前に立つ石灯籠は江戸初期の作とされ、六角形の笠の屋根に雪が降り積もった様子を見事に刻み出しています。

池の水は、かつては東側を流れる高瀬川から引き入れ、現在は琵琶湖疏水から分流する本願寺水道より引き入れています。侵雪橋（しんせつきょう）の奥に京都タワーが見えます。

諸説ありますが、当地は平安時代、嵯峨天皇の皇子・源融（みなもとのとおる）が邸宅の六条河原院を営んでいたと伝えられ、九重の石塔は源融の供養塔といわれています。

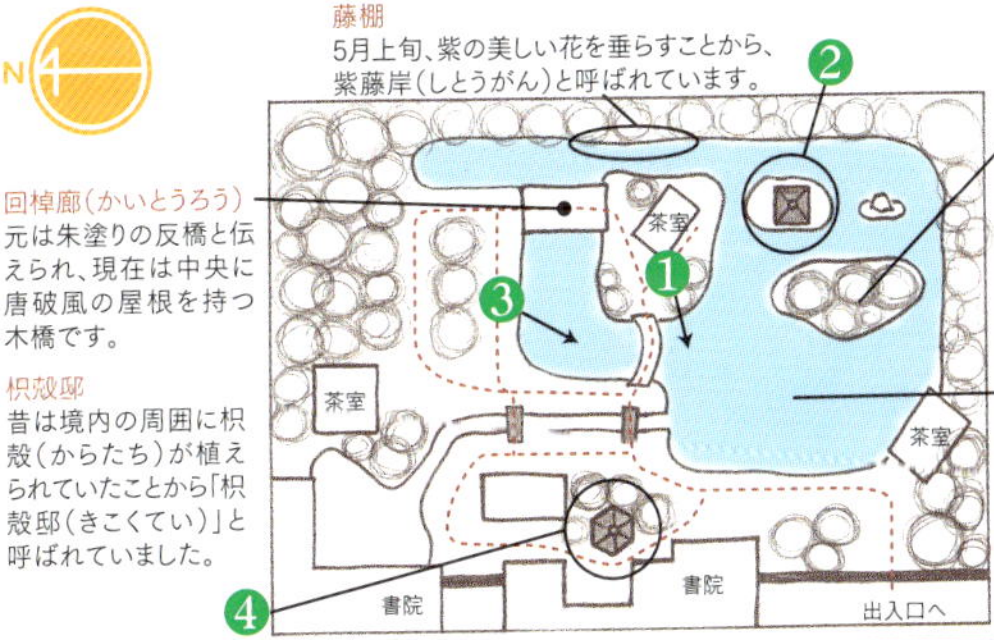

藤棚
5月上旬、紫の美しい花を垂らすことから、紫藤岸（しとうがん）と呼ばれています。

回棹廊（かいとうろう）
元は朱塗りの反橋と伝えられ、現在は中央に唐破風の屋根を持つ木橋です。

枳殻邸
昔は境内の周囲に枳殻（からたち）が植えられていたことから「枳殻邸（きこくてい）」と呼ばれていました。

南大島
島の位置や高さ、また古地図などから、豊臣秀吉が築いた御土居（おどい）の跡と考えられています。

印月池
東山から月が上ると、美しい月影を水面に映すことから「印月池（いんげつち）」と名付けられました。

- 075-371-9210（真宗大谷派宗務所 参拝接待所）
- 京都市下京区下珠数屋町通間之町東入 東玉水町
- 9:00～16:00（受付は15:30まで）
- 志納500円以上（庭園維持管理寄付金として）
- map.p86

1

紅葉に染まる大原の里

三千院【さんぜんいん】

大原

天台宗

【歴史】天台宗祖の最澄が比叡山に一堂を建立し、薬師如来を本尊とする円融房（えんゆうぼう）を開いたことに始まります。大治五（一一三〇）年には最雲法親王が入寺して梶井門跡（かじいもんぜき）と称され、妙法院・青蓮院とともに天台三門跡として格式ある歴史を歩んできました。

【庭園】客殿の南側には江戸時代の茶人である金森宗和（かなもりそうわ）の修築と伝えられる聚碧園（しゅうへきえん）があり、往生極楽院の周辺の有清園（ゆうせいえん）は紅葉の美しい池泉回遊式庭園です。また、宸殿の南側には杉苔の緑に覆われた庭園が広がっています。

2

京の公家に「姫宗和」と愛された茶風を確立した金森宗和が、自ら手を加えて優美な庭園に修築しました。

3

大原を流れる清流から水を引き込んだ聚碧園は、客殿に座って眺める池泉鑑賞式の庭園です。

4

❺

有清園の名の通り、清らかな自然に包まれた庭園は、秋になると紅葉の錦に覆われます。奥の滝組は「細波（さざなみ）の滝」と呼ばれ、流れ落ちる水は池へと注がれます。

6

天を突く杉木立と美しい杉苔の緑に覆われた庭園は有清園と呼ばれ、その中に建つ往生極楽院には阿弥陀三尊像（国宝）が祀られています。

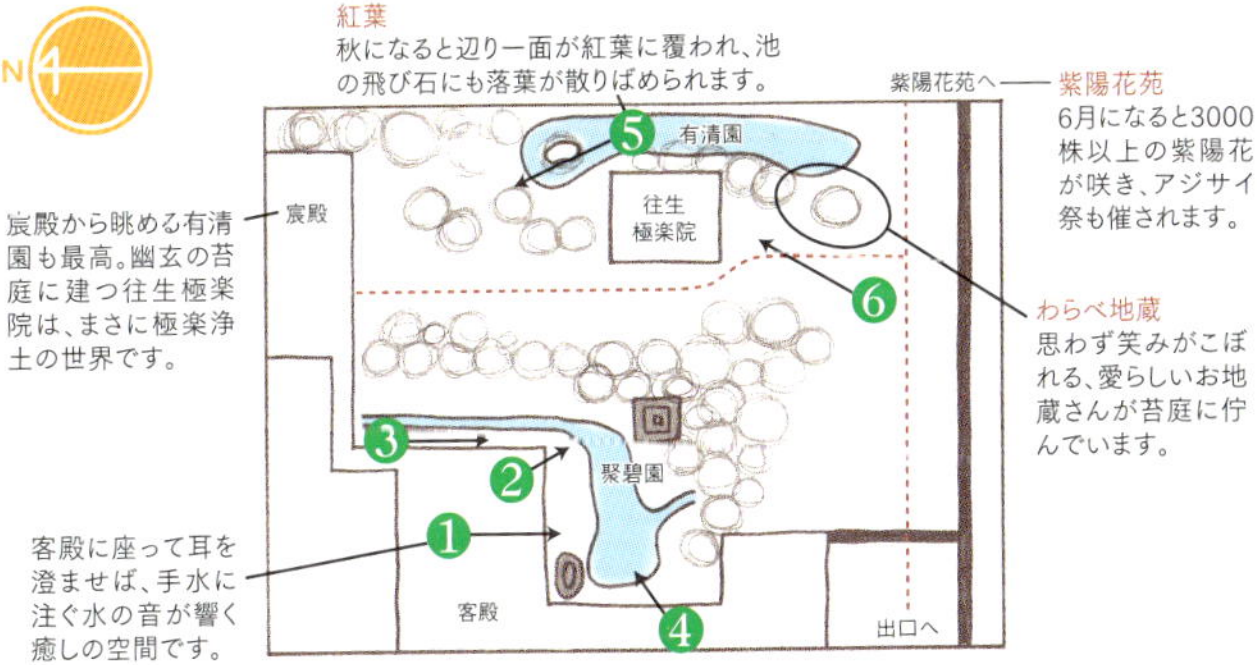
N
紅葉
秋になると辺り一面が紅葉に覆われ、池の飛び石にも落葉が散りばめられます。
紫陽花苑へ
紫陽花苑
6月になると3000株以上の紫陽花が咲き、アジサイ祭も催されます。
宸殿から眺める有清園も最高。幽玄の苔庭に建つ往生極楽院は、まさに極楽浄土の世界です。
宸殿
有清園
往生極楽院
わらべ地蔵
思わず笑みがこぼれる、愛らしいお地蔵さんが苔庭に佇んでいます。
聚碧園
客殿に座って耳を澄ませば、手水に注ぐ水の音が響く癒しの空間です。
客殿
出口へ
1
2
3
4
5
6

- 075-744-2531
- 京都市左京区大原来迎院町540
- 8:30～17:00（12～2月は～16:30）
- 拝観料：700円
- map.p86

1

心に響く静寂の庭

蓮華寺【れんげじ】

天台宗

上高野

【歴史】古くは時宗の寺院として京都駅近くの西八条塩小路に創建され、一時は応仁の乱で荒廃しましたが、寛文二（一六六二）年、加賀藩家老の今枝民部近義（いまえだみんぶちかよし）が祖父の今枝重直（しげなお）の菩提を弔うために現在地へ移して再興しました。

【庭園】現在地に蓮華寺が再興された際、詩仙堂を開いた石川丈山をはじめ、絵師の狩野探幽、儒学者の木下順庵、黄檗宗を開いた隠元禅師など、当時の一流の文化人が作庭に協力したと伝えられています。書院前の池には高野川の支流から引き入れた水が満ちています。

左の立石は亀が水面から頭を出す姿をあらわし、右の島とともに亀島をあらわしています。

六角形の背の高い笠をもつ珍しい形の石灯籠は、蓮華寺型石灯籠として知られています。

手前の石は船石と呼ばれ、奥の蓬莱山へ向かう船をあらわしていると伝えられています。また、左奥の立石は鶴をあらわす鶴石です。

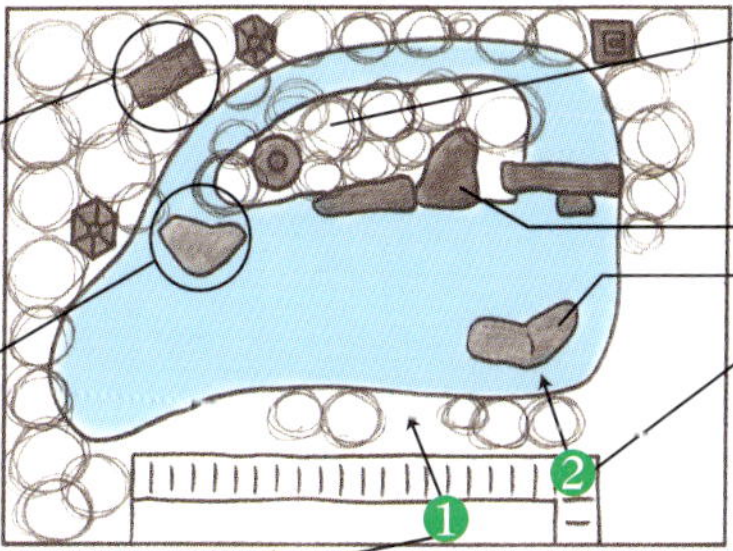

N

蓬莱山
庭園の奥に大きな石碑があり､仙人が住むと伝わる蓬莱山をあらわしているとされています。

亀石 3
亀が水面から頭を出す姿をあらわし、右上の灯籠が立つ大岩で甲羅をあらわしています。

紅葉
秋になると見事に紅葉し、水面が真っ赤に彩られます。

鶴石

船石

人生の船旅
人生には静けさもあれば荒波もあります。生きるということは、人生という大海原をゆく船旅なのかもしれません。

座観の庭
座敷に座ってゆっくりと庭を眺めてください。静けさが心に響きます。

- 075-781-3494
- 京都市左京区上高野八幡町1
- 9:00〜17:00
- 拝観料：400円
- map.p86

1

日本画家の美意識の結晶

白沙村荘【はくさそんそう】

哲学の道

【歴史】銀閣寺にほど近い白沙村荘は、大正から昭和にかけて京都画壇で活躍した日本画家の橋本関雪（かんせつ）が、大正五（一九一六）年から昭和二〇（一九四五）年までの半生をかけて造営した邸宅で、昭和五八（一九八三）年より白沙村荘・橋本関雪記念館として公開されています。

【庭園】東山を借景とする池泉回遊式庭園は、橋本関雪自身が設計をおこない、周囲には石仏や石塔などの石造美術品が点在しています。関雪が大作を描くために建築した「存古楼（ぞんころう）」や、妻にために造った茶室などを配した、四季折々の自然溢れる庭園です。

橋を渡り、清らかな小川に沿って歩き、趣きのある小さな門をくぐると、目の前には緑豊かな癒しの空間が広がります。

庭園の中央には芙蓉池が位置し、周囲を巡りながら平安や鎌倉時代に作られたといわれる数々の石塔や石灯籠を見ることができます。

関雪が妻のために造った茶室の問魚亭（もんぎょてい）は、四季の移ろいを眺めることができる茶席です。

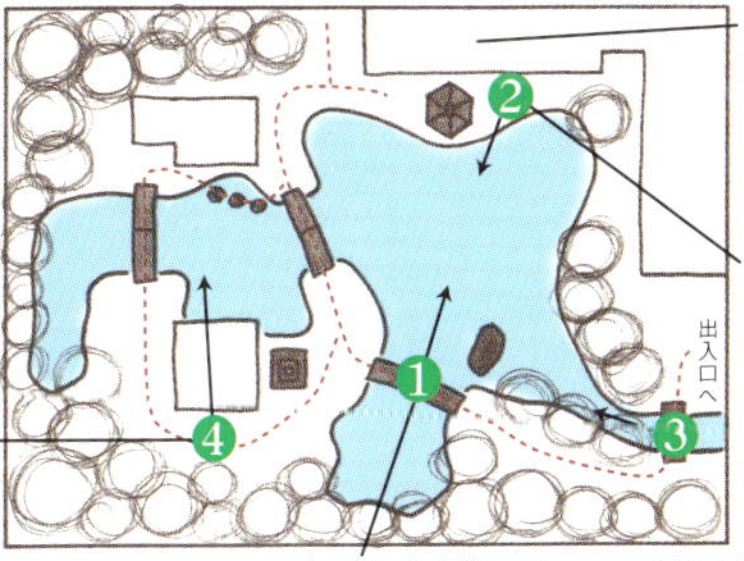

存古楼
関雪が大作を描くために建築した建物で、室内は52畳の広さがあります。

石や木の呼吸
関雪の遺文に「石や木も呼吸している。」とあり、まさしく庭園に佇むと自然の息吹を感じる緑豊かな空間が広がっています。

ハナショウブ
6月に入ると、池畔にはハナショウブが黄色い花を咲かせます。

問魚亭
茶室の入口に立つと、キャンバスに描かれた絵画のような庭園を茶席越しに眺めることができます。

奥に建つ存古楼は、池からの反射光を利用して明るく保たれるようになっています。

● 075-751-0446
● 京都市左京区浄土寺石橋町37
● 10:00～17:00
● 入館料：800円 ● map.p86

清め祓う神聖なる庭園

西村家庭園【にしむらけていえん】

上賀茂

【歴史】江戸時代、上賀茂神社に奉仕する神官達の邸宅・社家（しゃけ）が明神川の流れに沿って建ち並び、社家町を形成しました。今日まで三〇軒余りが現存し、錦部家（にしごりけ）旧宅である西村家別邸は、昔の面影をよく残す社家として貴重な歴史を今に伝えています。

【庭園】養和元（一一八一）年、上賀茂神社の神主である藤木重保（ふじきしげやす）が作庭したと伝えられています。明神川より引き入れた水を曲水の小川とし、かつては「曲水の宴」が催されていました。古い社家庭園の趣きを残し、京都市の名勝庭園に指定されています。

古木も多く、古い社家庭園の趣きを残しています。

庭園の中央奥には、上賀茂神社の神が降臨したと伝えられる神山（こうやま）に見立てた降臨石が配されています。

みどころ

みそぎの井戸

神官はつねに清らかな身で神様にお仕えしていました。みそぎの井戸は身を清めた場所で、井戸の中には蝋燭（ろうそく）を立てた燭台（しょくだい）や桶置きの石が残されています。また、明神川より引き入れた水は庭園内の小川や池をめぐって再び明神川へ戻されており、つねに神聖な水が邸内を清らかな状態に保っていました。

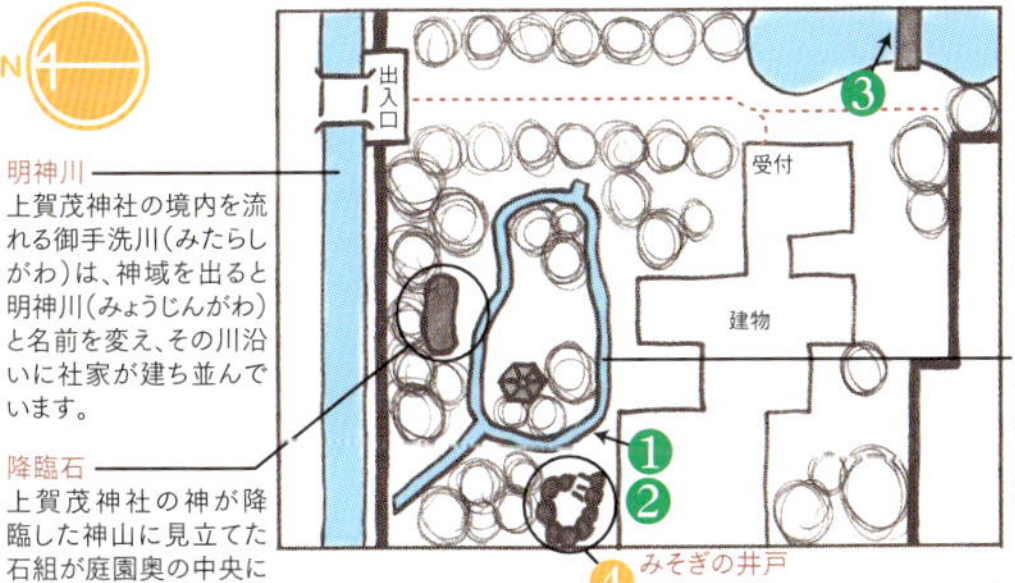

明神川
上賀茂神社の境内を流れる御手洗川（みたらしがわ）は、神域を出ると明神川（みょうじんがわ）と名前を変え、その川沿いに社家が建ち並んでいます。

降臨石
上賀茂神社の神が降臨した神山に見立てた石組が庭園奥の中央にあり、神々しい威厳を放っています。

曲水の宴
かつては、曲がりくねって流れる曲水のほとりで歌を詠み、杯を取って酒を飲み、終わって宴を設ける「曲水の宴」が庭園で催されていました。

明神川から引き入れた水が庭園をめぐり流れることで、常に邸内を清浄に保っています。

みそぎの井戸
身を清めた井戸が残っており、当時の神官たちの生活をうかがうことができます。

● 075-781-0666
● 京都市北区上賀茂中大路町1
● 9:30〜16:30（公開時期は3/15〜12/8）
● 参観料：500円　● map.p86

等持院
【とうじいん】

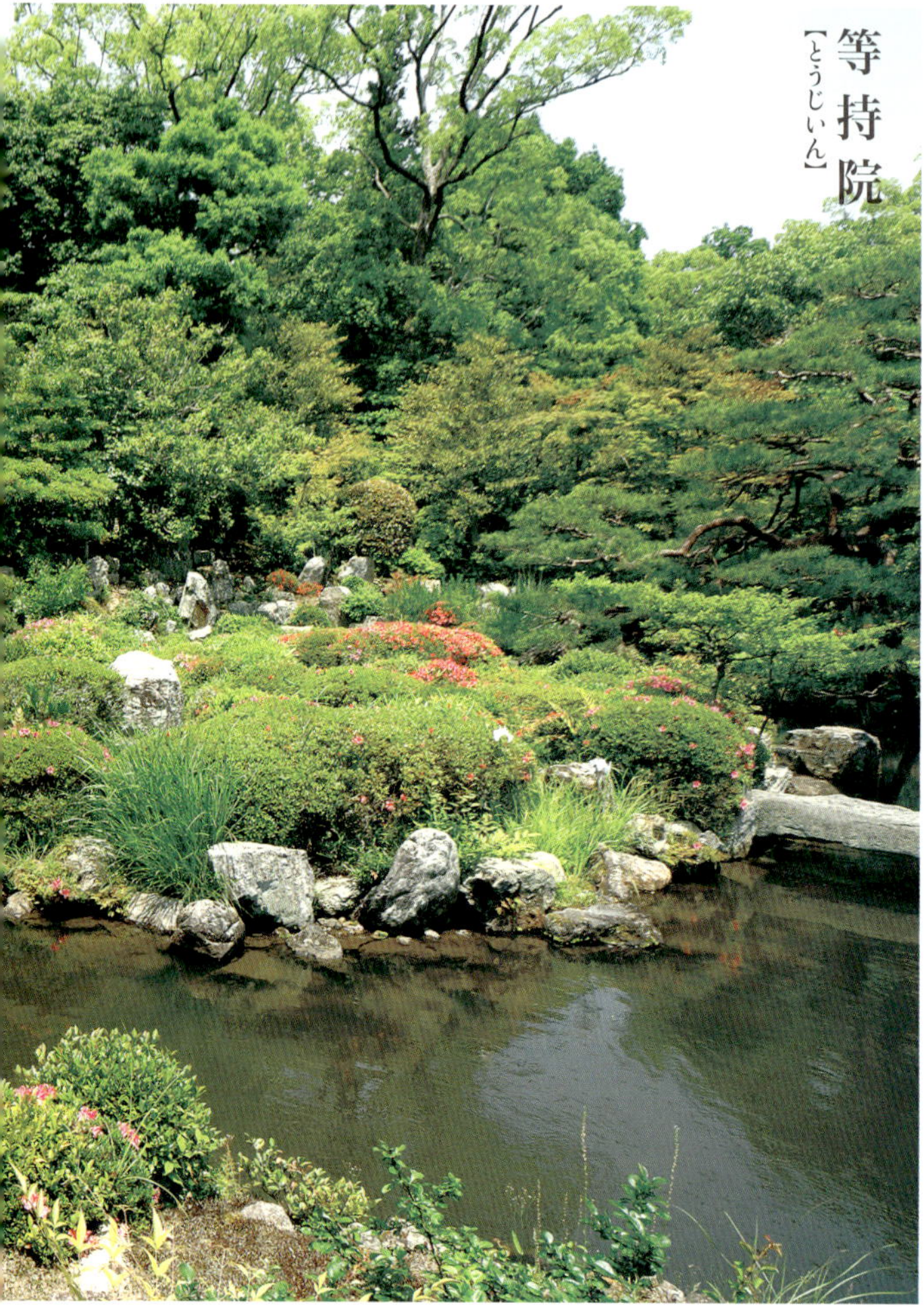

1

2

夢窓疎石の面影を残す庭

等持院【とうじいん】

衣笠

臨済宗　天龍寺派

【歴史】 暦応四（一三四一）年、足利尊氏が等持寺の別院として夢窓疎石を開山に創建し、北等持寺と称されました。延文三（一三五八）年には尊氏の墓所となり、尊氏の法名より寺名を等持院に改め、足利将軍家の菩提寺となり、また禅宗十刹の筆頭として隆盛を極めました。

【庭園】 方丈北庭は東西二つの庭園があり、西は芙蓉池を中心に、背後に衣笠山を借景とし、義政好みの茶室・清漣亭（せいれんてい）が配され、四季折々の草花が咲く華やかな庭園です。東は作庭家としても秀でた開山の夢窓疎石が作庭した庭園で、その面影をよく残しています。

みどころ
夢窓疎石の面影

夢窓疎石は鎌倉末期から室町初期にかけて活躍した臨済宗の高僧で、天龍寺や西芳寺（苔寺）の庭園も手掛けるなど、作庭家としても秀でた才能を発揮しました。等持院の方丈北庭の東側に残る庭園は夢窓疎石の作庭と伝えられ、長い歴史の中で中ノ島に建立された観音閣は礎石を残すのみとなっていますが、往時の面影をよく残しています。

3

4

方丈北庭の中央には足利尊氏の墓と伝えられる宝筐印塔があり、台座には延文3（1358）年の文字がみられます。

方丈南庭には枯山水庭園が広がり、霊光殿には足利尊氏をはじめとする歴代将軍像が祀られています。

N

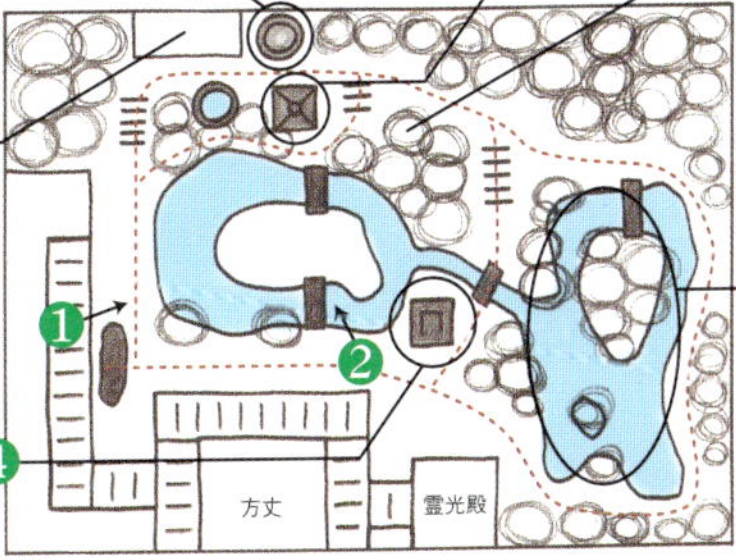

司馬温公型手水鉢
北宋（中国）の政治家・司馬温公の甕割りの故事にちなみ、甕（壺）が欠けたような形の手水鉢をいいます。

等持院型灯籠

有樂椿（うらくつばき）
通称・侘助椿（わびすけつばき）と呼ばれ、樹齢400有余年の珍しい銘樹で、織田有樂の時代、豊臣秀吉が秀頼に寺を再建させたときに植えたものと伝えられ、早春に見事な花が咲きます。

清漣亭
足利義政好みの茶室が北西の小高いところにあり、緑に囲まれて落ちついた佇まいをみせています。

1 2

足利尊氏の墓
4 足利尊氏の墓と伝えられる宝筐印塔があり、美しい緑に囲まれて静かに佇んでいます。

3 夢窓疎石の面影
方丈北庭の東側は夢窓疎石の作庭と伝えられ、中ノ島には観音閣の礎石が残り、全体的に往時の面影をよく残しています。

● 075-461-5786
● 京都市北区等持院北町63
● 8:00〜17:00（12/29〜1/3は〜14:00）
● 拝観料：500円　● map.p87

退蔵院【たいぞういん】

花園

臨済宗　妙心寺塔頭

【歴史】応永一一（一四〇四）年、波多野出雲守重通が無因宗因（むいんそういん）禅師を開山として千本松原に創建し、その後は寺地を転々とし、応仁の乱で妙心寺とともに焼失した後、亀年（きねん）禅師によって現在地に復興しました。水墨画の創始者といわれる如拙（じょせつ）が描いた『瓢鮎図（ひょうねんず・国宝）』を所蔵しています。

1

【庭園】方丈西庭には国の名勝および史跡に指定されている枯山水庭園があり、室町時代に画家として活躍した狩野元信（かのうもとのぶ）が作庭したことから「元信の庭」と呼ばれています。また、昭和の名庭として知られる余香苑（よこうえん）は、昭和三八（一九六三）年から三年の月日を費やして中根金作氏によって作庭された、季節の草花が咲く美しい庭園です。

昭和の名庭と称される余香苑は、西芳寺（苔寺）や金閣寺などの古庭園の修築を数多く手掛けた中根金作氏が、約3年の歳月を費やして作庭しました。庭園奥の滝口より水が落ち、緑豊かな刈込の中をゆるやかに流れ、手前の池へと注いでいます。

みどころ

水琴窟の癒しの音

手水鉢の下には伏せて埋められた甕（かめ）があり、手水後の水が甕の中に落ちて水が跳ね、その音が甕の中で反響して琴の音のように聴こえてきます。洞窟内に水滴を落とした時に聴こえる反響音を庭園内で楽しむために作られた日本庭園の技法のひとつで、その癒しの音色が近年、再び人気を呼んでいます。

6月になると池には睡蓮が咲きはじめます。

みどころ

如拙筆の国宝『瓢鮎図』

水墨画の創始者といわれる如拙が描いた『瓢鮎図』は、“ただでさえ捕まえにくい鮎（なまず・中国由来の表記）を、こともあろうに瓢箪で押さえて捕まえよう”とする場面が描かれており、この矛盾した図柄は禅問答へ通じる禅画として描かれたものと伝えられ、水墨画による見事な山水表現がみられます。

写真提供：退蔵院

6

余香苑の入口にある門には、瓢鮎図ゆかりの“瓢箪”と“まなず”が意匠として用いられています。

5

窓に瓢鮎図ゆかりの瓢箪をかたどった大休庵では、庭園を鑑賞しながら抹茶と瓢鮎菓子（500円）をいただけます。

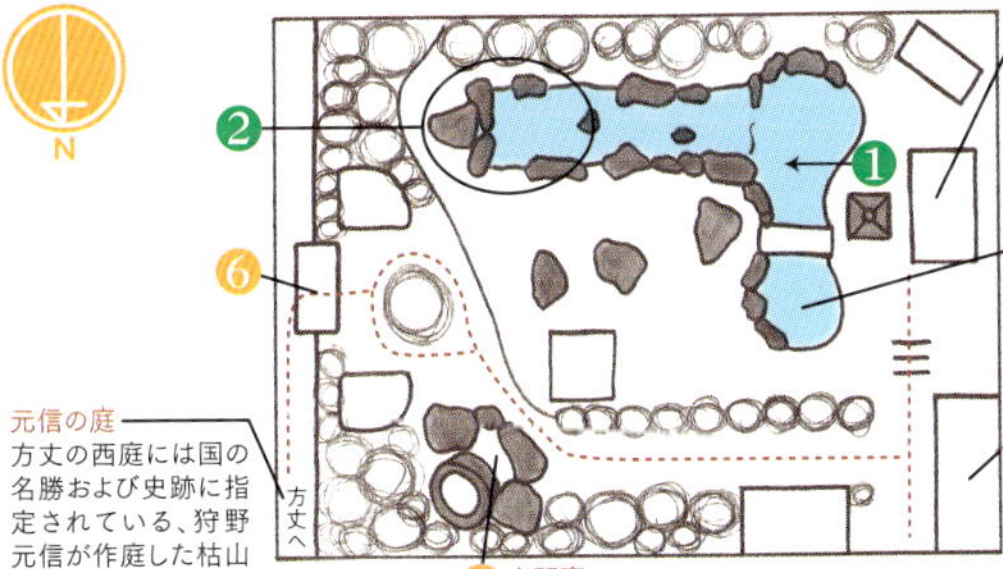

元信の庭
方丈の西庭には国の名勝および史跡に指定されている、狩野元信が作庭した枯山水庭園があります。

1 藤棚
5月初旬、見事な紫の花を咲かせ、庭園の風景に艶やかな彩を添えます。

3 睡蓮
6月になると美しい睡蓮が水面に咲きます。

5 大休庵
庭園を鑑賞しながら抹茶をゆっくりといただけます。

4 水琴窟
深く澄んだ清らかな音が響き、和やかな気持ちになります。

- 075-463-2855
- 京都市右京区花園妙心寺町35
- 9:00～17:00
- 拝観料：500円
- map.p87

極楽浄土の花の庭

法金剛院 【ほうこんごういん】

花園

律宗

【歴史】平安初期、右大臣・清原夏野（きよはらのなつの）が当地で営んだ山荘が没後に寺院に改められ、双丘寺（そうきゅうじ）となりました。その後は一時荒廃しましたが、大治五（一一三〇）年、鳥羽天皇の中宮・待賢門院（たいけんもんいん）が旧跡を復興して法金剛院とし、のちの弘安二（一二七九）年には円覚上人が再興して律宗に改宗しました。

【庭園】平安時代作庭の数少ない遺構として国の特別名勝にも指定され、法金剛院の創建時に僧の林賢（りんけん）と静意（じょうい）によって作庭されています。昭和四三（一九六八）年には庭園の北東部から高さ五メートルにも達する滝石組の「青女（せいじょ）の滝」が発掘され、同時代の滝石組としては最大級の規模を誇る貴重な遺構です。浄土式庭園として中央に大きな池を配し、桜や紅葉をはじめ、初夏には美しい大輪の蓮が咲き誇る、四季折々に美しい庭園です。

❶

7月上旬になると、庭園中央の大きな池には美しい蓮の花が一面に咲き誇り、極楽浄土を現世にあらわしたような幻想的な光景となります。

みどころ

青女の滝

重厚な巨石を組み合わせた滝石組は「青女（せいじょ）の滝」と呼ばれ、昭和43（1968）年に発掘された遺構で、平安時代に作庭された当時の姿を現代に伝えています。また、背後にある低い山の「五位山」は、仁明天皇が景勝を愛でて従五位を授けたことから名付けられました。

阿弥陀如来
奥の仏殿には、平安後期の定朝様の代表的な仏像である阿弥陀如来坐像（重文）が本尊として祀られています。

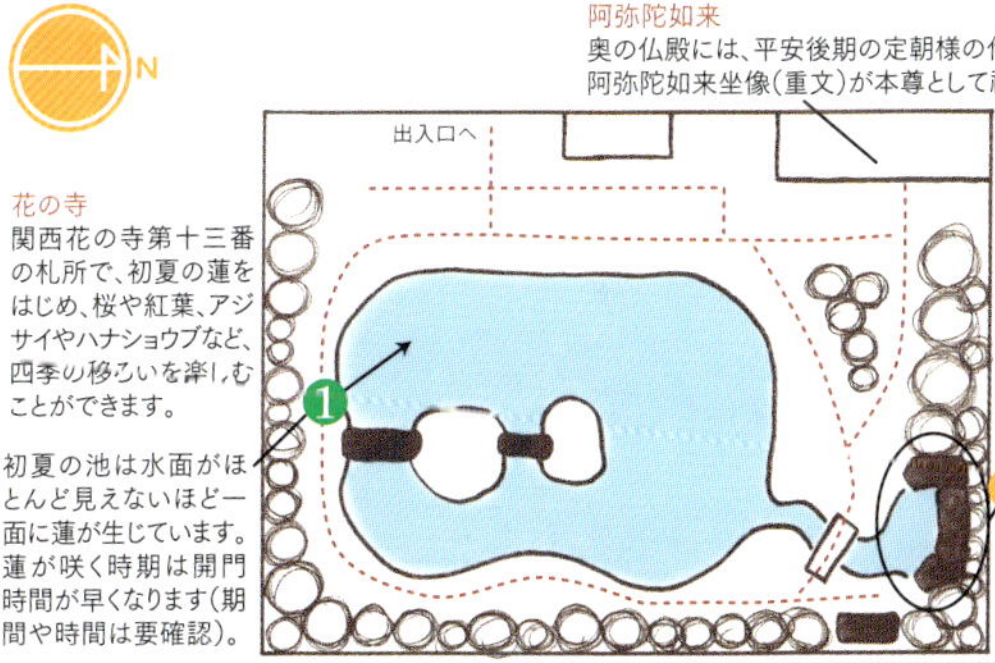

花の寺
関西花の寺第十三番の札所で、初夏の蓮をはじめ、桜や紅葉、アジサイやハナショウブなど、四季の移ろいを楽しむことができます。

初夏の池は水面がほとんど見えないほど一面に蓮が生じています。蓮が咲く時期は開門時間が早くなります（期間や時間は要確認）。

蓮
仏教において、泥の中から美しい花を咲かせる蓮は、煩悩や迷いに染まらない真理（悟り）をあらわしているとされています。

青女の滝
青女の滝から流れ落ちる水は小川となり、池に注いでいます。清らかな小川の水辺には、6月になると美しいハナショウブが咲きはじめます。

● 075-461-9428
● 京都市右京区花園扇野町49
● 9:00～16:00
● 拝観料：400円　● map.p87

平安貴族が遊宴を催した池

大沢池【おおさわのいけ】

嵯峨野

【歴史】平安初期、嵯峨天皇が営んだ嵯峨離宮の庭園として造られた日本最古の人工池で、天皇や貴族が中秋の名月になると池に船を浮かべて観月の宴を催し、名月を歌に詠んだと伝えられています。貞観一八（八七六）年、嵯峨離宮は寺院に改められ、現在の大覚寺となりました。

【庭園】嵯峨離宮の造営にあたり、中国の洞庭湖（どうていこ）を模して造営されたことから「庭湖（ていこ）」とも呼ばれる、日本最古の人工池です。広い池には天神島と菊ケ島の二島があり、その間には庭湖石も配されています。春は桜、秋は観月の名所となります。

池の北側にある心経宝塔は、昭和42（1967）年、嵯峨天皇の心経写経1150年を記念して建立されたものです。

菊ケ島の右上にある石が「庭湖石」で、巨勢金岡（こせのかなおか）が立てたと伝えられています。

みどころ

滝の音は
絶えて久しくなりぬれど
なこそ流れてなお聞こえけれ
—藤原公任—

大沢池の北東に嵯峨離宮の滝組の跡とされる「名古曽滝（なこそのたき）」があり、藤原公任（きんとう）が歌を詠んだところと伝えられています。平成6（1994）年に発掘調査がおこなわれ、中世の遣水（やりみず・水を導いた流れ）が発見されて復元されています。

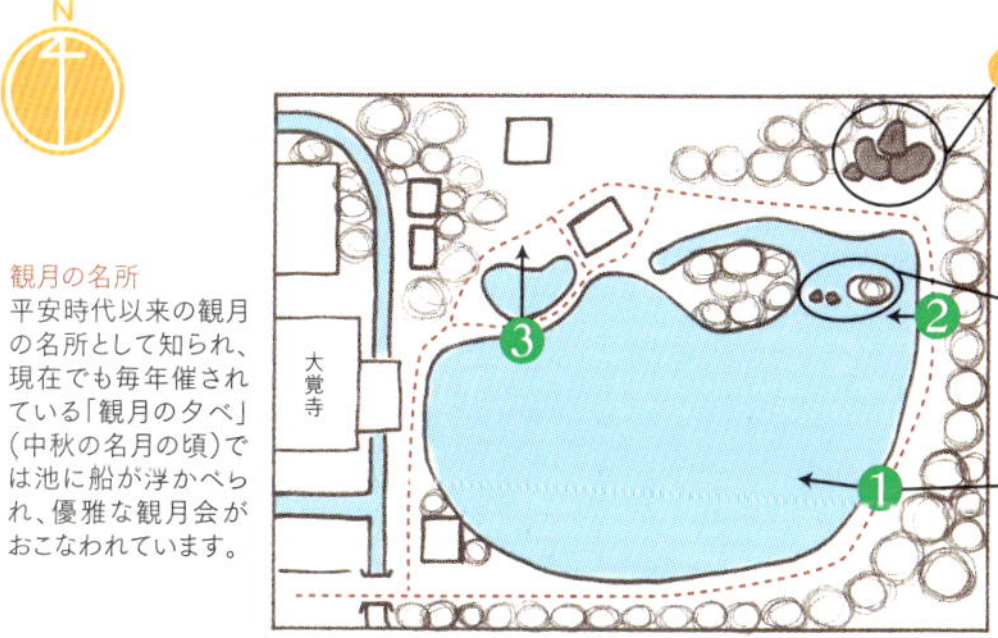

名古曽滝
嵯峨離宮の滝組の跡とされ、藤原公任の歌にも詠まれたところ。発掘調査に基づき、中世の遣水が復元されています。

観月の名所
平安時代以来の観月の名所として知られ、現在でも毎年催されている「観月の夕べ」（中秋の名月の頃）では池に船が浮かべられ、優雅な観月会がおこなわれています。

菊ケ島と庭湖石
庭湖石は巨勢金岡が立てたと伝えられ、水面から趣きのある姿をみせています。

桜
春になると池のほとりには桜が咲き誇り、水面に映る桜もまた見事です。

- 075-871-0071
- 京都市右京区嵯峨大沢町4
- 9:00〜16:30
- 大覚寺拝観料500円（大沢池入苑料含む）
  ※大沢池のみの場合は文化財維持協力金200円
- map.p87

夢窓疎石の天賦の才

天龍寺【てんりゅうじ】

嵐山

臨済宗　天龍寺派大本山

【歴史】暦応二（一三三九）年、足利尊氏が後醍醐天皇の菩提を弔うため、禅僧の夢窓疎石を招いて創建しました。次第に伽藍が整えられて寺の勢力は大きくなり、至徳三（一三八六）年には京都五山の第一位となりました。その後、度重なる火災や兵火によって焼失と再建を繰り返し、現在の諸堂の多くは明治期に再建されたものとなっています。

【庭園】創建当時の面影を残す曹源池庭園は、遠くに望む嵐山と近くに望む亀山の二山を借景とする池泉回遊式庭園で、傑出した禅僧でありながら作庭にも秀でた才能を発揮した夢窓疎石の作庭と伝えれています。曹源池の東岸には出島が設けられ、西岸には山裾の渓谷から三段に流れ落ちる滝をあらわす石滝組の龍門瀑（りゅうもんばく）が設けられ、その前には三枚の石が合わさった日本最古の石橋が池中の立石に据えられています。国の史跡および特別名勝に指定されています。

①

2

龍門瀑は、鯉が滝をのぼると龍になって天へ舞い上がるという中国の伝説に基づいて組まれた滝石組で、現在は枯滝ですが、昔は山腹の湧き水が流れ落ちていたと伝えられています。

4

庭園北の書院に座ると、開かれた障子から一幅の掛け軸のような庭園を眺めることができます。

3

一滴の水は命の源であり、あらゆる物の根源であるという意味の「曹源一滴」という禅の言葉から「曹源池」と名付けられました。

7月になると放生池は一面、美しい蓮で彩られます。

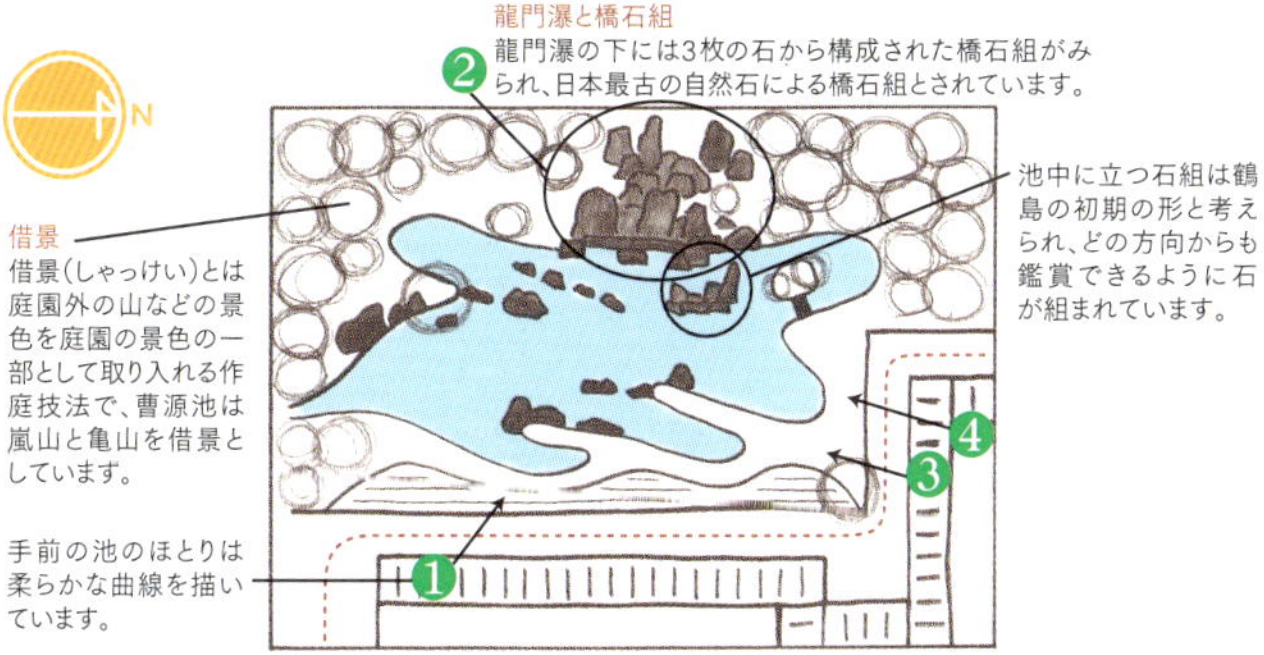
N
龍門瀑と橋石組
龍門瀑の下には3枚の石から構成された橋石組がみられ、日本最古の自然石による橋石組とされています。
2
借景
借景(しゃっけい)とは庭園外の山などの景色を庭園の景色の一部として取り入れる作庭技法で、曹源池は嵐山と亀山を借景としています。
池中に立つ石組は鶴島の初期の形と考えられ、どの方向からも鑑賞できるように石が組まれています。
4
3
手前の池のほとりは柔らかな曲線を描いています。
1

- 075-881-1235
- 京都市右京区嵯峨天龍寺芒ノ馬場町68
- 8:30～17:30（10/21～3/20は～17:00）
- 庭園参拝料：500円（諸堂参拝は100円の追加）
- map.p87

❶

趣きの異なる五つの庭園

城南宮 神苑【じょうなんぐう しんえん】

鳥羽

祭神　国常立尊、八千矛神、神功皇后

【歴史】平安京遷都の際に都の南に国を守護する神として創建され、応徳三（一〇八六）年に白河上皇が当地に鳥羽離宮を造営すると鎮守社として崇められました。白河上皇をはじめ歴代上皇の熊野詣の際には旅の安全が祈願され、現在も方除けとともに交通安全のご利益で知られています。

【庭園】神苑は「楽水苑（らくすいえん）」と呼ばれ、春の山・平安の庭・室町の庭・桃山の庭・城南離宮の庭と呼ばれる趣きの異なる五つの庭園から成り、中根金作氏によって作庭された昭和を代表する名庭です。四季折々の花が咲き、特に春の枝垂桜は見事に咲き誇ります。

平安貴族が催した「曲水（きょくすい）の宴（うたげ）」とは、曲がりくねって流れる小川のほとりに参宴者が座り、歌を詠んで杯の酒を飲むという平安時代の雅な遊宴です。平安の庭で毎年4月29日と11月3日に催されています。

平安時代の貴族の邸宅にみられた池が広がる庭園にならって作庭された「平安の庭」は、水を導いて庭園に流す遣水（やりみず）も設けられています。

毎年6月25日～30日、禊（みそぎ）の小川で穢（けがれ）を流して身を清める神事がおこなわれます。

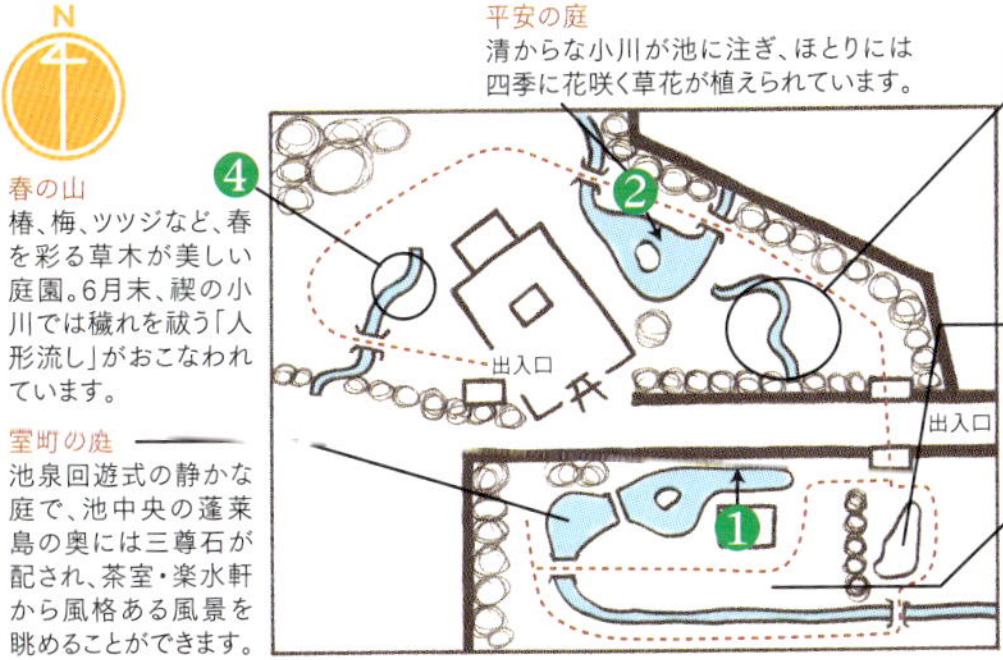

平安の庭
清からな小川が池に注ぎ、ほとりには四季に花咲く草花が植えられています。

曲水の宴
毎年4月29日と11月3日、王朝の雅を今に伝える「曲水の宴」が催されています。

春の山
椿、梅、ツツジなど、春を彩る草木が美しい庭園。6月末、禊の小川では穢れを祓う「人形流し」がおこなわれています。

城南離宮の庭
鳥羽離宮の様子をあらわす枯山水庭園。

室町の庭
池泉回遊式の静かな庭で、池中央の蓬莱島の奥には三尊石が配され、茶室・楽水軒から風格ある風景を眺めることができます。

桃山の庭
桃山時代の豪壮な気風を反映した、刈込と芝生が広がる枯山水庭園。

● 075-623-0846
● 京都市伏見区中島鳥羽離宮町7
● 9:00～16:00
● 拝観料：500円　● map.p87

典雅の極致の庭

勧修寺【かじゅうじ】

小野

真言宗　山階派大本山

【歴史】昌泰三（九〇〇）年、醍醐天皇が生母の藤原胤子（いんし）の菩提を弔うために、宮道弥益（みやじいやます）の山荘を寺院に改めて創建しました。文明二（一四七〇）年に兵火で焼失して衰退しましたが、徳川家の援助もあって復興し、皇室や藤原氏の厚い帰依を受け、代々法親王が住持する門跡寺院として格式ある歴史を歩んできました。

1

【庭園】氷室（ひむろ）の池を中心とする庭園は、平安時代の貴族庭園の趣きを現在に伝える貴重な庭園で、「典雅の極致（てんがのきょくち）」と称えられています。かつては南へさらに広がる庭園でしたが、秀吉の伏見城築城の際に新道を通すために埋め立てられ、現在の規模となりました。池のほとりには、桜や藤、カキツバタやハナショウブなど、四季折々の美しい花が咲き誇ります。

6月上旬より、氷室の池のほとりには艶やかなハナショウブが咲きはじめます。

6月上旬頃の氷室の池には、白や赤の睡蓮の美しい花が浮かんでいます。

みどころ

勧修寺型灯籠

書院の南の平庭には、天下の副将軍と称された水戸光圀（みとみつくに）が寄進したと伝えられる、笠の大きな雪見型灯籠をアレンジして創作された灯籠が一基配されており、一般に「勧修寺型灯籠」と呼ばれています。また、灯籠の周りは樹齢750年とも伝わるハイビャクシンが一面に枝を広げています。

N

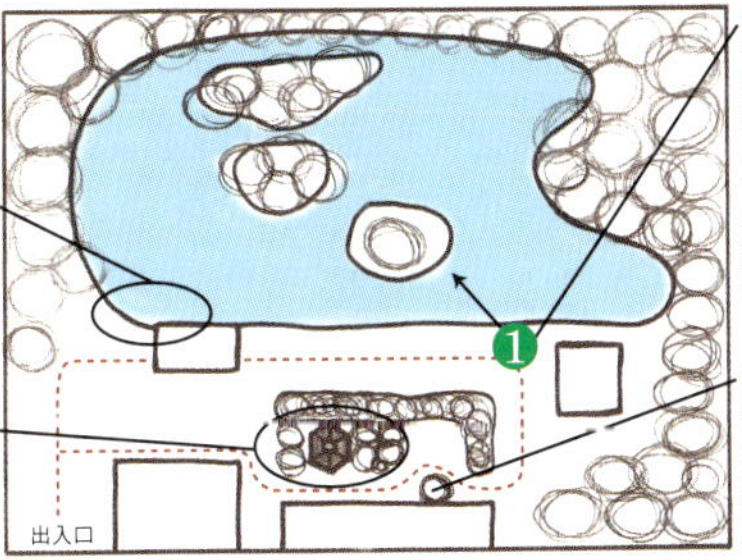

氷室の池
平安時代のこと、毎年正月に勧修寺の池に張った氷が宮中に献上され、その氷の厚さでその年の五穀豊穣を占ったことから、「氷室の池」と呼ばれるようになりました。

6月になると池は一面の睡蓮で覆われ、池のほとりにはハナショウブが咲きます。

勧修寺型灯籠
黄門さんで知られる水戸光圀が寄進したと伝えられています。

臥竜（がりょう）の老梅
初代の木の根から子と孫の木が生えた珍しい梅で、初代と子は枯れ木となっていますが、孫は新春になると美しい花を咲かせます。

- 075-571-0048
- 京都市山科区勧修寺仁王堂町27-6
- 9:00〜16:00
- 拝観料：400円
- map.p87

豪壮かつ雄大な秀吉設計の庭

三宝院【さんぼういん】

醍醐

真言宗　醍醐寺塔頭

【歴史】永久三（一一一五）年、醍醐寺第一四世座主の勝覚（しょうがく）僧正によって創建されました。その後、応仁の乱の戦火によって焼失しましたが、慶長三（一五九八）年、豊臣秀吉の援助で復興しました。醍醐寺の本坊的な存在であり、歴代座主が居住する格式高い寺院です。

【庭園】慶長三（一五九八）年に豊臣秀吉が催した「醍醐の花見」に際して作庭され、秀吉自らが基本設計をおこなった庭園として知られています。力強い巨石を配し、静寂をもたらす亀島や躍動感溢れる鶴島を設けるなど、桃山時代の豪壮かつ雄大な雰囲気を現代に伝えています。

1

庭の中央奥には、天下を治めた武将が代々所持してきた「藤戸石（ふじといし）」と呼ばれる天下の名石が据えられ、威厳に満ちた雰囲気を放っています。

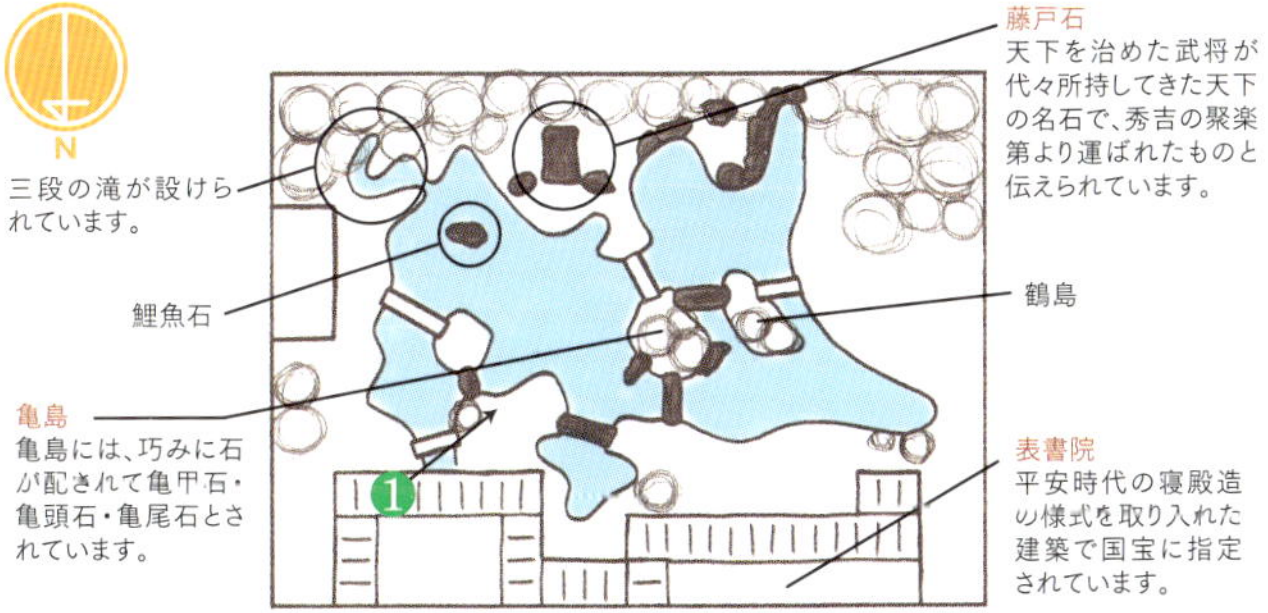
N
藤戸石
天下を治めた武将が代々所持してきた天下の名石で、秀吉の聚楽第より運ばれたものと伝えられています。
三段の滝が設けられています。
鯉魚石
鶴島
亀島
亀島には、巧みに石が配されて亀甲石・亀頭石・亀尾石とされています。
表書院
平安時代の寝殿造の様式を取り入れた建築で国宝に指定されています。
1

● 075-571-0002
● 京都市伏見区醍醐東大路町22
● 9:00〜17:00（12月第1日曜日の翌日〜2月末は〜16:00）
● 拝観料：600円 ● map.p87

写真提供：三宝院

平等院［びょうどういん］

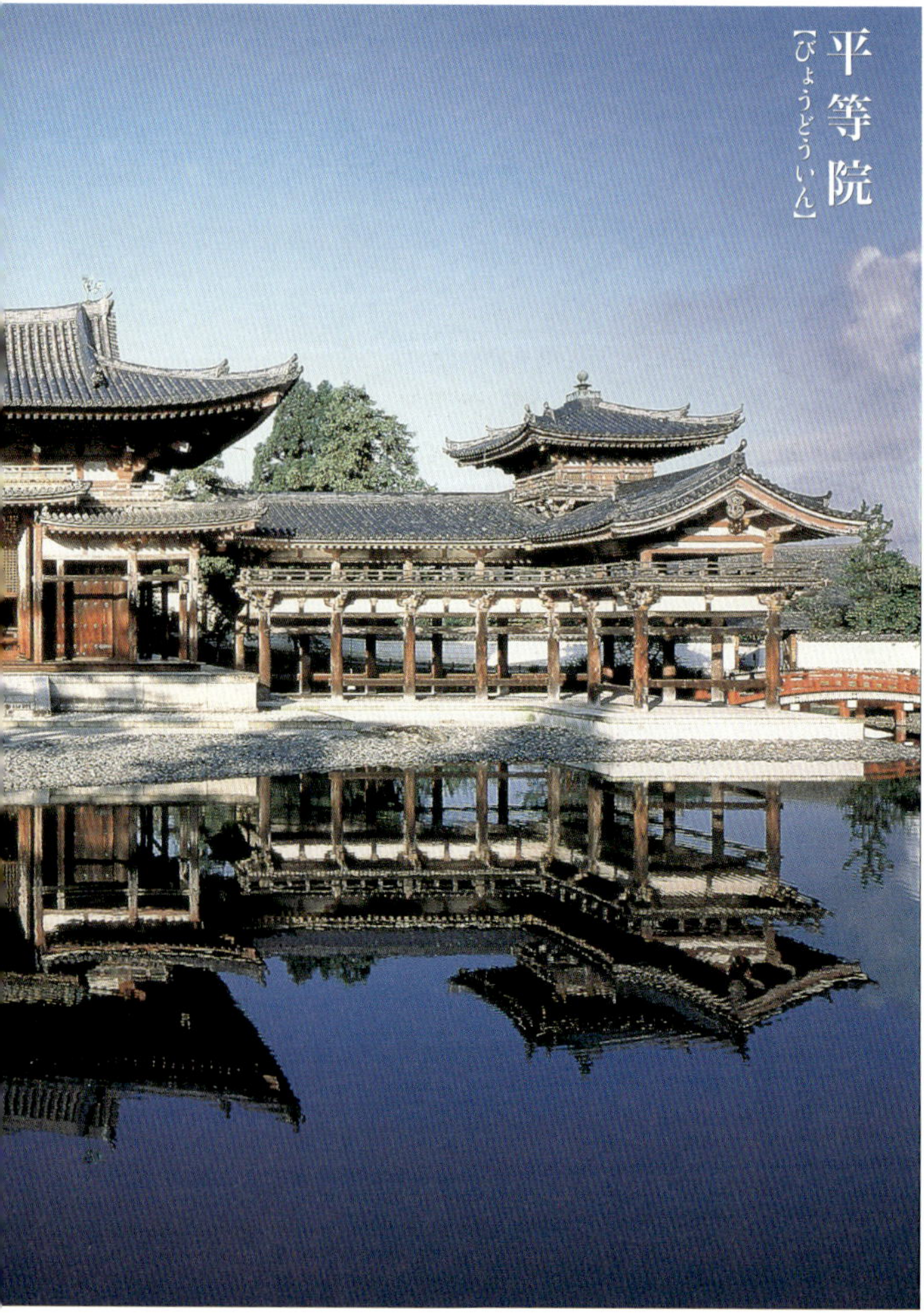

1

極楽浄土への切なる想い

平等院【びょうどういん】

宇治

単立寺院

【歴史】永承七（一〇五二）年、藤原頼通（よりみち）が父道長（みちなが）の山荘であった宇治殿を寺院に改め、寺名を平等院としました。境内には優美な鳳凰堂が建立され、本尊として阿弥陀如来坐像が祀られました。その後も貴族の藤原氏によって壮麗な堂塔が整えられ、幾多の災禍に遭いながらも貴重な遺構を現在に伝えています。

【庭園】平安後期、悟りが開けない末法（まっぽう）が到来するという末法思想が広まり、末法の到来におびえた貴族は極楽浄土への憧れをより強くし、現世に極楽浄土をあらわした庭園や建築を次つぎと造営しました。阿字池（あじいけ）の中島に鳳凰堂が建ち、水面に優美な姿を映す光景は、まさに憧れの極楽浄土そのものです。

みどころ

埋もれ木の
花咲くこともなかりしに
身のなる果てぞ悲しかりける

—源頼政 辞世の和歌—

③

平安末期の武将で武勇に秀でた源頼政（みなもとのよりまさ）は、治承4（1180）年、平家打倒を計画して挙兵しましたが、宇治における戦いに敗れ、平等院の境内に残る「扇の芝（おうぎのしば）」で切腹自刃したと伝えられています。塔頭の最勝院には源頼政の墓があり、その静かな佇まいは激動の源平争乱を生きた名脇役の人柄を物語っています。

④

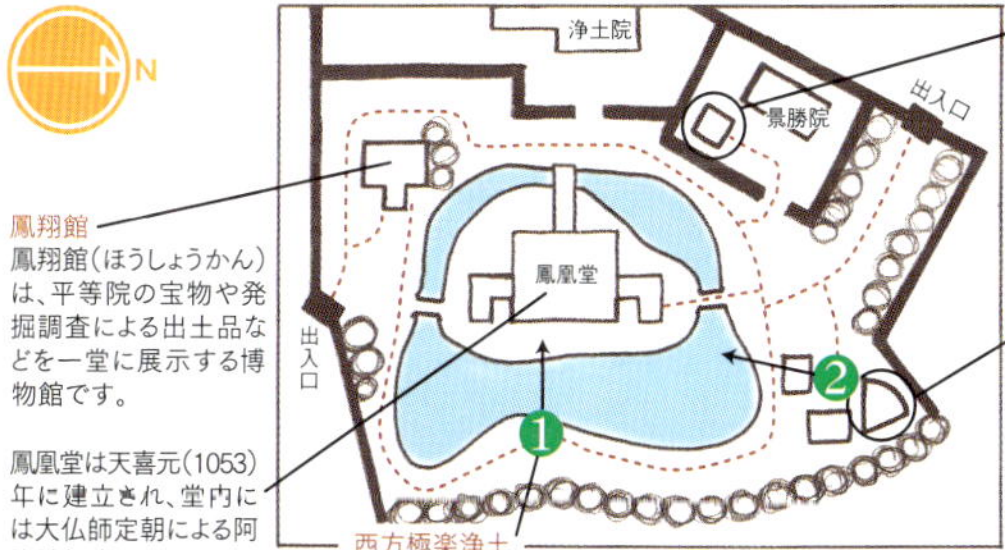

鳳翔館
鳳翔館（ほうしょうかん）は、平等院の宝物や発掘調査による出土品などを一堂に展示する博物館です。

鳳凰堂は天喜元(1053)年に建立され、堂内には大仏師定朝による阿弥陀如来が祀られています。

③ 源頼政の墓
激動の時代を生きた名脇役が静かに眠っています。

④ 扇の芝
扇形の芝地は、源頼政が切腹自刃した場所と伝えられています。

西方極楽浄土
極楽浄土は西方にあると伝えられ、鳳凰堂と堂内の阿弥陀如来が西方に位置することになり、まさに現世に極楽浄土があらわれます。

● 0774-21-2861 ● 京都府宇治市宇治蓮華116
● 庭園8:30〜17:30、鳳翔館9:00〜17:00、鳳凰堂9:30〜16:10
● 拝観料：庭園+鳳翔館600円、鳳凰堂300円
※2007年9月末まで平成大修理のため鳳凰堂内部の拝観停止 ● map.p87

写真提供：平等院

1

現世にあらわれた極楽浄土

浄瑠璃寺【じょうるりじ】

南山城

真言律宗

【歴史】永承二（一〇四七）年、薬師如来を本尊とする寺院が建立され、薬師如来がつかさどる東方の浄瑠璃世界（薬師浄土）にちなんで浄瑠璃寺と称されました。南北朝時代に子院や塔頭を焼失しましたが、三重塔と阿弥陀堂は焼失を免れて現在に至っています。

【庭園】宝池を中心として、東岸に東方浄瑠璃世界の教主である薬師如来を祀る三重塔が位置し、西岸に西方極楽世界をあらわした九体の阿弥陀如来を祀る阿弥陀堂が位置し、理想の世界である極楽浄土を現世にあらわした浄土式庭園です。国の特別名勝および史跡に指定されています。

久安6（1150）年の作庭と伝えられ、平安後期の浄土式庭園の様子を現代に伝えています。東岸に位置する三重塔には薬師如来（重文）が祀られ、東方浄瑠璃世界の方角です。

四季折々の草花が咲く庭園には、花の香りに誘われて蝶が飛来しています。

6月に入ると池の水際にはハナショウブが艶やかな花を咲かせます。

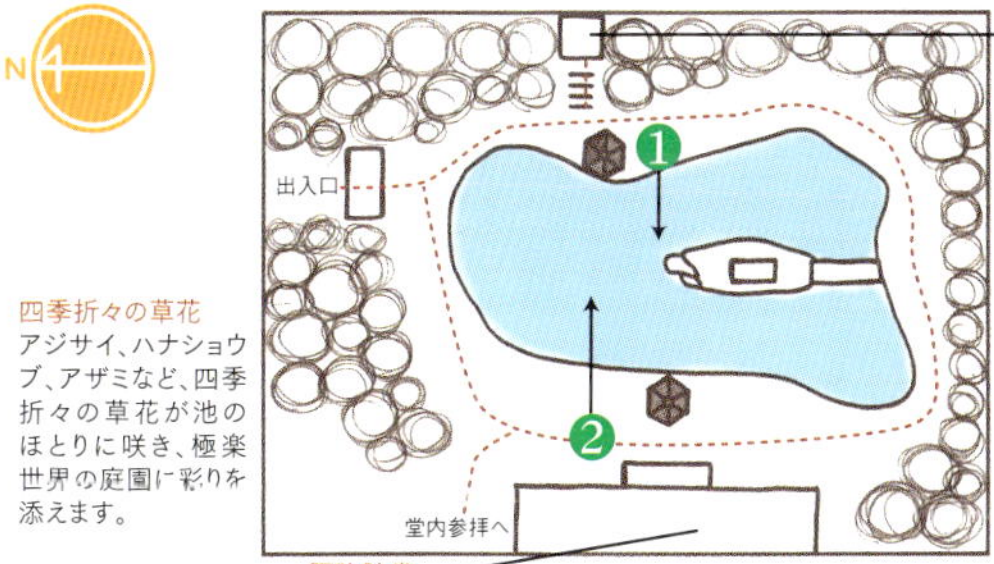

三重塔
東岸の三重塔には東方浄瑠璃世界の教主である薬師如来が祀られ、秘仏とされています（期間限定の御開帳は要確認）。

四季折々の草花
アジサイ、ハナショウブ、アザミなど、四季折々の草花が池のほとりに咲き、極楽世界の庭園に彩りを添えます。

阿弥陀堂
堂内には横一列に九体の阿弥陀如来が並び祀られ、その姿は壮観で威厳に満ちています。平安後期の作で国宝に指定されています。

● 0774-76-2390
● 京都府木津川市加茂町西小札場40
● 9:00〜17:00（12〜2月は10:00〜16:00）
● 300円（阿弥陀堂内部の拝観時） ● map.p87

雅の世界

京都御所・離宮の庭園

千年の雅の世界

千年の都・京都は、古く平安時代から天皇や貴族によって風光明媚な地に別荘が建てられ、そこに雅の世界があらわされてきました。現在の京都御所や離宮・史跡には、長きにわたる王朝文化の結晶ともいえる庭園や建築が現存しています。

参観申込要領

宮内庁が管理している京都御所や離宮を参観するには、あらかじめ宮内庁京都事務所参観係で許可を得ておく必要があります。

【詳細・問い合わせ先】
宮内庁京都事務所参観係
075-211-1215
http://sankan.kunaicho.go.jp

写真提供：宮内庁（P78～80, 82～83）

心が和む穏やかな庭

京都御所

【きょうとごしょ】 map.p87

歴史・庭園 古く平安京の内裏（御所）は現在の千本丸太町付近に位置し、内裏の焼失の際に東洞院土御門殿が天皇の仮御所となり、元弘元（一三三一）年に光厳天皇がここで即位されて以来、御所が現在の地に定着しました。現在の庭園は慶長一一（一六〇六）年に小堀遠州によって基礎が作庭されたと伝えられ、御所にふさわしい心が和む穏やかな庭園となっています。

御所の建物は焼失と再建を繰り返し、安政2（1855）年に平安時代の内裏の姿にならって再建されました。御池庭の奥に見える優美な建物は小御所です。

小御所の東に設けられた優美な池泉回遊式庭園は「御池庭」と呼ばれ、池の中に島を配し、西岸はゆるやかな曲線を描く水際に玉石を敷き詰めて州浜をあらわしています。

南池の中央の島に渡る八つ橋は、見事な藤棚が設けられています。

北池と南池の境目に位置する紅葉橋。秋の彩りは格別です。

上皇が住まう御所

仙洞御所【せんとうごしょ】

map.p87

歴史・庭園　江戸初期、江戸幕府によって後水尾上皇のために二条城の行幸御殿を移築して造営されました。その後に幾度も火災に遭い、建物は焼失したままで再建されていませんが、庭園は当時の姿をよく残しています。寛永一三（一六三六）年に江戸初期を代表する作庭家として知られる小堀遠州によって作庭された、四季折々の趣きを楽しめる名庭です。

九条池

【くじょういけ】map.p87
九条池とその奥に建つ拾翠亭は、五摂家のひとつであった公家の九条家の邸宅内に設けられた庭園と茶室の遺構です。安永7（1778）年頃、拾翠亭からの眺めを第一に作庭されたと伝えられています。7月下旬頃になるとサルスベリの花が咲きはじめ、9月下旬頃まで長く楽しむことができます。

拾翠亭

【しゅうすいてい】map.p87
江戸後期に九条家の邸宅内に茶室として建てられました。3月から12月の毎週金・土曜日、午前9時半から午後3時半の間に参観できます。

拾翠亭【詳細・問い合わせ先】
国民公園協会 京都御苑
075-211-6364

近衛邸跡

【このえていあと】map.p87
近衛家の邸宅内に設けられていた池の遺構が残されており、周囲には枝垂れ桜の大木が約30本も植えられています。

九条池・近衛邸跡
【詳細・問い合わせ先】
環境省京都御苑管理事務所
075-211-6348

写真提供：今宮康博（P81上・中）、らくたび（P81下）

まさに王者の庭園

修学院離宮
【しゅうがくいんりきゅう】 map.p87

歴史・庭園 明暦二（一六五六）年から造営がはじまり、後水尾上皇自らが計画を練って造営された広大な山荘は、万治二（一六五九）年にほぼ完成しました。上御茶屋に壮大な庭園が広がり、細い松並木道で結ばれ、周囲の自然を大胆に取り込んだ見事な構成は、まさに王者にふさわしい風格と威厳に満ちた庭園です。比叡山麓に位置し、秋には紅葉が見事に彩ります。

土橋と御舟宿

千歳橋

秋になると紅葉が色づき、さらに美しい離宮となります

桂川の水を引いた池を中心に、4棟の茶屋が配されています。

庭園と建築の完成美

桂離宮

【かつらりきゅう】 map.p87

歴史・庭園 元和六（一六二〇）年頃から、八条宮家初代の智仁（としひと）親王によって八条宮家の別荘として造営がはじまり、約三五年の歳月をかけて八条宮家二代の智忠（としただ）親王の代に完成したと伝えられています。池の周りに書院や茶屋が見事に配された、庭園と建築の総合芸術と称されています。桂川より引き入れた水をたたえる池を中心とした回遊式庭園です。

京の庭NAVI MAP 池泉庭園編

※南山城の浄瑠璃寺（p.76）は、p.87 個別map を参照ください。

貴船神社
三千院 p.36
叡山電鉄
蓮華寺 p.40
延暦寺
比叡山ドライブウェイ
上賀茂神社
西村家庭園 p.44
修学院離宮 p.82
高山寺
神護寺
嵐山高雄パークウェイ
北山通
下鴨神社
地下鉄烏丸線
金閣寺
北大路通
千本通
堀川通
京都御所 p.79
仙洞御所 p.80
九条池・近衛池 p.81
等持院 p.46
龍安寺
大沢池 p.58
仁和寺
北野天満宮
今出川通
大覚寺
トロッコ列車
銀閣寺
法金剛院 p.54
退蔵院 p.50
二条城 p.22
烏丸通
白沙村荘 p.42
JR山陰本線
神泉苑 p.26
丸太町通
東大路通
平安神宮 p.12
天龍寺 p.60
嵐電
西大路通
無鄰菴 p.20
南禅寺
御池通
青蓮院 p.16
知恩院

桂離宮 p.83
積翠園 p.32
智積院 p.28
渉成園 p.34
東本願寺
三十三間堂
大宮通
七条通
東寺
九条通
十条通
鴨川
桂川
東福寺
伏見稲荷大社
阪急京都線
京阪本線
地下鉄東西線
勧修寺 p.66
名神高速道路
三宝院 p.70
醍醐寺
城南宮 p.64
JR奈良線
善峯寺
JR東海道本線
東海道新幹線
長岡天満宮
宇治川
京阪宇治線
近鉄京都線
京都第二外環状道路
平等院 p.72

平安神宮 神苑 p12

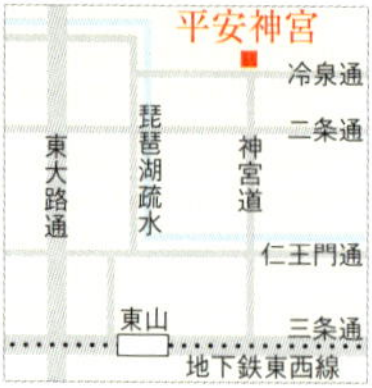
平安神宮
冷泉通
二条通
東大路通
琵琶湖疏水
神宮道
仁王門通
東山
三条通
地下鉄東西線

二条城 p22 / 神泉苑 p26

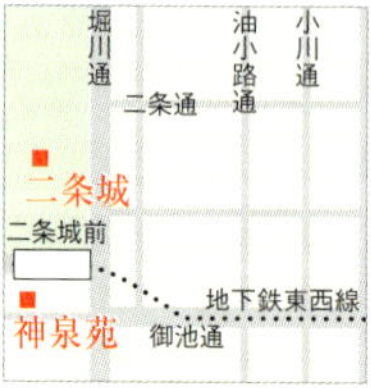
堀川通
油小路通
小川通
二条通
二条城
二条城前
地下鉄東西線
神泉苑
御池通

無鄰菴 p20

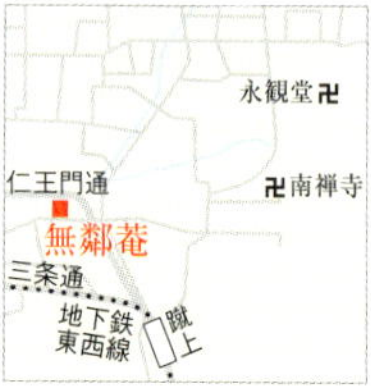
永観堂
仁王門通
南禅寺
無鄰菴
三条通
地下鉄東西線
蹴上

青蓮院 p16

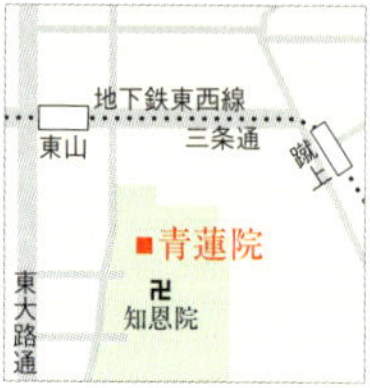
地下鉄東西線
東山
三条通
蹴上
青蓮院
東大路通
知恩院

三千院 p36

367
勝林院
大原
三千院

渉成園 p34

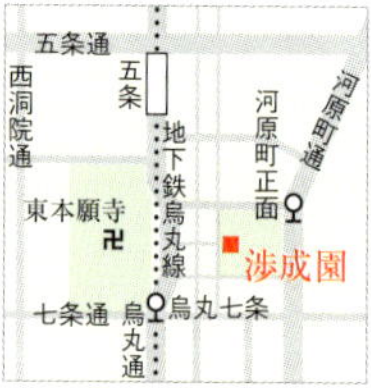
五条通
西洞院通
五条
河原町通
河原町正面
地下鉄烏丸線
東本願寺
渉成園
七条通
烏丸通
烏丸七条

智積院 p28 / 積翠園 p32

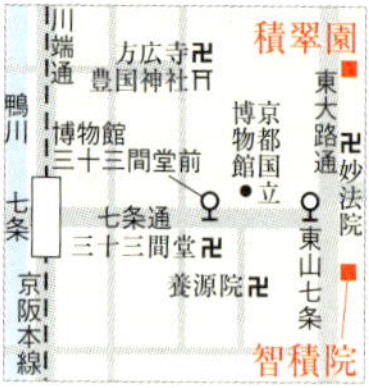
川端通
方広寺
豊国神社
積翠園
鴨川
博物館三十三間堂前
京都国立博物館
東大路通
妙法院
七条
七条通
東山七条
三十三間堂
養源院
京阪本線
智積院

西村家庭園 p44

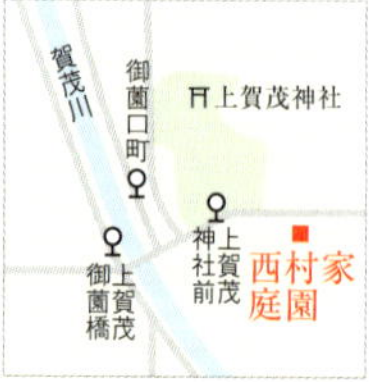
賀茂川
御薗口町
上賀茂神社
上賀茂神社前
御薗橋上賀茂
西村家庭園

白沙村荘 p42

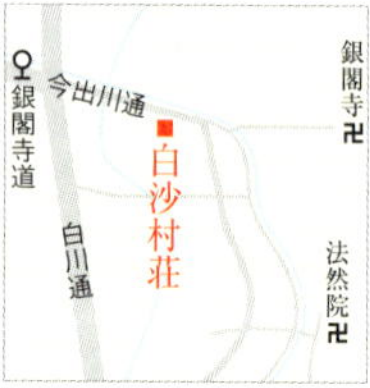
銀閣寺道
今出川通
銀閣寺
白沙村荘
白川通
法然院

蓮華寺 p40

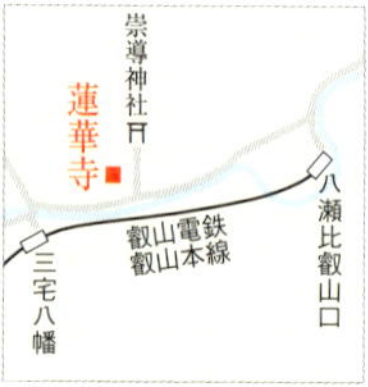
崇導神社
蓮華寺
八瀬比叡山口
叡山電鉄叡山本線
三宅八幡

大沢池 p58

退蔵院 p50 / 法金剛院 p54

等持院 p46

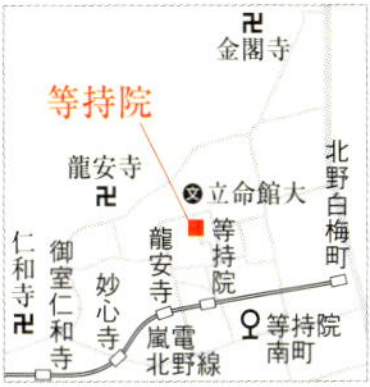

勧修寺 p66 / 三宝院 p70

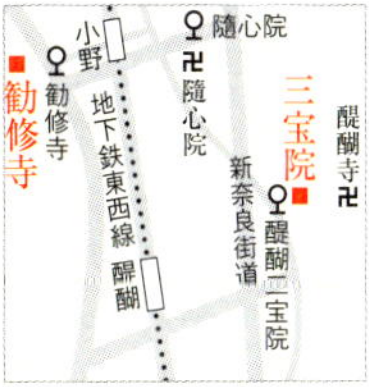

城南宮 神苑 p64

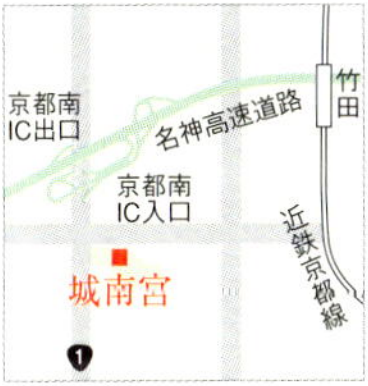

天龍寺 p60

修学院離宮 p82

京都御所 p79 / 仙洞御所 p80
九条池 p81 / 拾翠亭 p81
近衛邸跡 p81

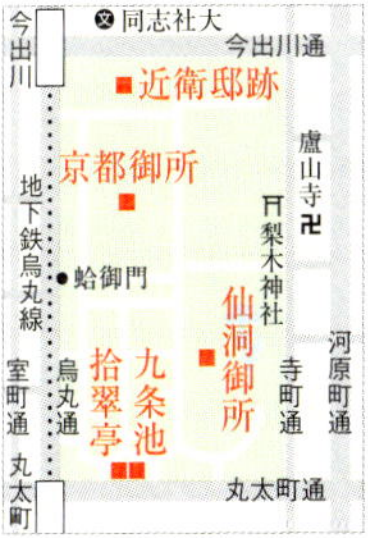

平等院 p72

桂離宮 p83

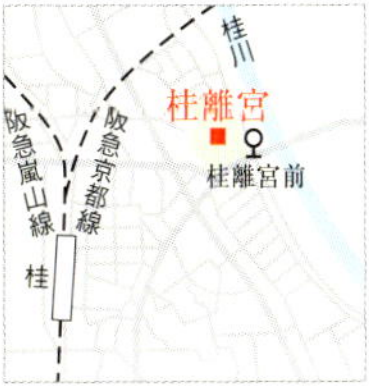

浄瑠璃寺 p76

ポケットに京都ひとつ

らくたび文庫　No.015

京の庭NAVI 池泉庭園編

2007年9月17日　初版発行

発行所　株式会社コトコト
〒600-8119
京都市下京区河原町五条南西角 昭栄ビル4F
TEL 075-342-3711
FAX 075-352-3133
http://www.koto-koto.co.jp

編集・制作
株式会社 桜風舎
TEL 075-361-8616
http://www.ofusha.co.jp

株式会社 らくたび
TEL 075-352-0163
http://www.rakutabi.com

印刷	カミヨ株式会社
製本	新生製本株式会社
企画・編集 文・境内図	若村　亮
編集	佐藤理菜子
撮影	福尾行洋
デザイン	足立恵理 溝脇恵里子
カバーデザイン	足立恵理
地図製作	花村智美